貴堂嘉之 | 監修

一橋大学社会学部
貴堂ゼミ生＆院ゼミ生有志 | 著

差別の「いま」を読み解くための入門書

大学生が
レイシズムに
向き合って
考えてみた
●改訂版●

明石書店

はじめに

No Justice! No Peace! No Justice! No Peace!
正義なくして平和などない、正義なくして平和などない
（ブラック・ライヴズ・マター運動でのシュプレヒコールより）

　2020年5月25日。アメリカ合衆国（以下、アメリカと略記）ミネソタ州ミネアポリスで黒人男性ジョージ・フロイドさんが警官に膝で首を押さえつけられ死に至った事件は、制度的レイシズム（詳しくはQ1参照）に抗議するブラック・ライヴズ・マター運動（Black Lives Matter、以下BLM運動）の再燃、そして世界的拡大へとつながりました。遠いここ日本においてもBLM運動が広がりを見せたことは、記憶に新しいのではないでしょうか。ジョージ・フロイドさんの事件が起こる前の2月23日には、ジョージア州で黒人男性アマード・アーベリーさんが白人親子によって射殺されました。翌月13日には、ケンタッキー州で黒人女性ブレオナ・テイラーさんが、捜査先の住所を間違えた警官によって32発も銃弾に撃たれ、自宅で死亡しました。その他にも数多くの黒人の生（Lives）が脅かされ続けました。アメリカ社会での絶え間なき人種暴力の数々は、奴隷制時代からその構造を受け継ぎながら何世紀にも及んで続いてきたのです。
　BLM運動の世界的拡大は、制度的レイシズムの根絶を求めるとともに、その発端である大西洋奴隷貿易、奴隷制、そして植民地主義への反省を世界に迫りました。アメリカ諸州においては、南北戦争で奴隷制存続を主張した南部連合軍司令官の像が相次いで撤去され、イギリスのロイズ保険組合は、奴隷貿易を保険で支えた過去を謝罪しました。さらにオックスフォード大学は、19世紀の植民地政治家セシル・ローズ像の撤去を決定しました。大学を撤去に動かしたのは、BLM運動に相まって実施された学生主導の署名、そしてその数年前から続くローズの植民地主義とレイシズムを問い直す流れが引き起こしたものでした。2001年に南アフリカ共和国（以下、南アフリカ

と略記）のダーバンで開かれた「人種主義、人種差別、排外主義、および関連する不寛容に反対する世界会議」では「ダーバン宣言」が採択され、人種差別は「すべての人権の重大な侵害」であり、奴隷制は「人道に対する犯罪」であると規定されました。そして、植民地主義は「いつ、どこで起ころうとも非難され、再発は防止しなければならない」と明記されました。以降、反人種差別の動きが高まっていくなかで、今日のレイシズムの根源には数世紀にわたって続いた奴隷制度と植民地主義があることが、2020年のBLM運動を契機にあらためて世界に提起されたといえるでしょう。

　新型コロナウイルスが世界に猛威をふるった2020年以降は、急激に増加したアジア系住民への憎悪犯罪（ヘイトクライム）に抗する運動「ストップ・アジアン・ヘイト」（Stop Asian Hate）も拡大しました。トランプ元大統領によるコロナウイルスを「チャイナウイルス」と名指した発言はアジア系への差別や偏見を扇動させ、アメリカ各地ではアジア系を狙った憎悪犯罪が多発しました。2021年3月には、ジョージア州アトランタのスパで、アジア系女性6名が射殺されるという悲劇的な事件が起きることとなりました。このように、大西洋奴隷制、そして植民地支配が過去と化した現在においてもその遺産であるレイシズムはわたしたちへ難題を突きつけ続けているといえるのではないでしょうか。

　さらにいえば、レイシズムはアメリカをはじめとする諸外国の課題のみならず、日本社会に生きるわたしたちとも深く関係している問題です。「日本は単一民族国家である」という見方や言説は、日本社会とレイシズムの関係を見えにくくさせており、政治家などによるこの言説を肯定する度重なる発言は、民族的マイノリティ性を持ち合わせる市民を想定せず、歴史に無理解であるとして度々問題視されています。アイヌ民族、琉球・沖縄民族、在日コリアン、華僑、「ハーフ」をはじめ、日本社会にはさまざまなルーツを持つ人々がともに暮らし、ますます社会は多様化を進行させています。そして、レイシズムは民族性のみならず、実は部落差別や障がい者差別とも関係しているのです。

　アメリカ社会史を専門とする一橋大学・貴堂嘉之教授のゼミ生である学部生・院生のわたしたちにとって、昨今のレイシズムをめぐる諸課題は決して

看過することができないものでした。2020年のBLM運動以降、アメリカに留学し、学びを深めた者。同運動を契機に、大学院に進学を決意した者。国内からでもアジアン・ヘイトを含めあらゆる差別に対して反対の意を示し、少しでも知ろうと文献を手に取る者。ゼミの授業内でもBLM運動、奴隷制の関連著書を輪読するなど、わたしたちは微力ながらもレイシズムに関心を示し、学びを紡いできました。だからこそこの学びをより広く社会に生きる一人ひとりに還元し、多くの方とレイシズムについてともに考えていく場をつくりたい——。そんな思いから、わたしたち学生の手でこの入門書を刊行するに至りました。

　わたしたちはまだ学びを深めている最中であり、専門家ではありません。しかし、だからこそ読者のみなさん一人ひとりと「ともに」考え、レイシズムを根絶する社会をつくるための一助となりたいと考えています。この入門書を、手にしていただいたみなさんがレイシズムと向き合い、ともに考え、議論をつくり出すきっかけのひとつとなれるのであれば、大変嬉しく思います。

執筆者を代表して　吉田梨乃

＊本書では、日本やアメリカ、世界のレイシズムの歴史や実情を理解するため、同時代に使われていた差別的な用語・呼称をそのまま掲載している箇所があります。現在ではメディアでも使われない言葉が含まれますので、ご留意ください。

contents　もくじ

はじめに　3

第1章　身近なこと編

Q 1　日本にレイシズムってあるの？　10

Q 2　民族差別って人種差別となにが違うの？　14

Q 3　障がい者に対する差別事件はどうして起こるの？　18

Q 4　部落差別ってそもそもなに？　22

Q 5　なんで日本は移民・難民に優しくないの？　26

Q 6　日本における「日本人」って誰のこと？　30

Q 7　「日本語上手ですね」のなにがいけないの？　34

Q 8　「ハーフ」って呼んだらダメ？　38

Q 9　日本は人種差別を禁止しないの？　42

コラム1　"美白"はレイシズムって本当？　46

コラム2　日本は単一民族国家ってなぜ言われてきたの？　48

第2章　そもそも編

Q10　レイシズムはそもそもどんな考えなんだろう？　52

Q11　いつレイシズムが生まれたの？　56

Q12　レイシズムと優生思想って関係あるの？　60

Q13　ステレオタイプと偏見、差別ってなに？　64

Q14　レイシズムは奴隷貿易や奴隷制の歴史とどんな関係があるの？　68

Q15　植民地支配とレイシズムってどう関係しているの？　72

コラム3　奴隷制・植民地支配の賠償問題と人種資本主義　76

Q16　人種差別撤廃に向けて国際社会はどのように取り組んだの？　78

Q17　白人って誰のこと？　82

- コラム4　アカデミー賞受賞者はなぜ白人が多いと批判されたの？　86
- コラム5　文化の盗用ってなに？　88

第3章　アメリカ編

- Q18　アメリカは「自由」と「平等」の国と言われるのに、なぜこんなにレイシズムが激しいの？　92
- Q19　奴隷制下で黒人たちはどのように闘ってきたの？　96
- Q20　奴隷解放ってなんだったの？　100
- Q21　公民権運動で人種差別が終わらなかったのはどうして？　104
- Q22　BLMってなに？　108
- コラム6　インターセクショナリティ　112
- コラム7　アメリカの異人種間結婚　114
- Q23　黒人は悪いことをするから差別されるんじゃないの？　116
- Q24　先住民はなにを奪われてきたの？　120
- Q25　移民の国なのにどうして「不法移民」が生まれるの？　124
- Q26　アメリカでのアジア系の人々への差別はコロナ禍をきっかけに始まったの？　128
- Q27　日系人はアメリカでどのように差別を乗り越えようとしてきたの？　132
- Q28　イスラム教徒はアメリカでどのように差別されてきたの？　136
- Q29　なぜトランプが支持されたの？　140

座談会　わたしたちはレイシズムにどのように向き合えばいいの？　145

読書案内／各Qの参考文献　155
あとがき　165

第1章
身近なこと編

第1章では、日本社会に存在する「レイシズム」について取り上げます。日本社会の事例を通じて、レイシズムは誰しもがかかわる問題であることが見えてくるでしょう。

第1章　身近なこと編

Q1
日本にレイシズムってあるの？

　この本を手にする読者のなかには、「日本にレイシズムはない」と考えている人もいるのではないでしょうか。実際、アメリカでブラック・ライヴズ・マター運動（BLM運動）が隆盛となった2020年頃の日本のSNSにはそのような投稿が多く見られました。「日本には人種の違う／肌の色の異なる人々がほとんど存在しない」とか、「海外ほどひどい人種差別に基づく暴力事件がないから」といった理由でしょうか。しかし、これらは、レイシズムという概念を正しく理解していないがための誤解です。

　本書では、レイシズムを「人種、民族、出自（世系：英語ではdescent）などに基づいた差別や偏見」「あるグループが生来違う性質を持っているという信念」と定義します。つまり、人種、民族、出自に基づいた、生来的に、そして永遠に変えることのできない優劣があると信じることです。この定義に基づいてあらためて考えれば、日本社会でこれまで広くみられた在日コリアンや被差別部落、アイヌ民族に対する差別もレイシズムに含めることができるはずです（Q2参照）。これらの差別に加えて、技能実習生や難民、留学生、国際結婚した家族など、肌の色の異なる人々に対する差別も存在します。

「日本にレイシズムはない」のふたつの誤解

　「日本にレイシズムはない」と言われるときの誤解は、大きくふたつに分けることができます。ひとつ目が「レイシズム＝人種の異なる人々に対する差別」というもの、そしてふたつ目が「レイシズムは個人による直接的な暴力のみを指している」という誤解です。これらの誤解は、政府や社会によってレイシズムの実態が見えにくくされている状況によって引き起こる問題であり、レイシズムに向き合えない自分に気づかないわたしたちの問題でもあります。

　「レイシズム＝人種の異なる人々に対する差別」という誤解は上述した通

10

りですが、まず基礎知識として、レイシズムが国際的にどのように定められているのかを確認しておきましょう。以下は、日本も加盟している人種差別撤廃条約の第1条にあるレイシズムの定義です。

> 人種、皮膚の色、世系又は民族的若しくは種族的出身に基づくあらゆる区別、排除、制限又は優先であり…あらゆる公的生活の分野における平等の立場での人権及び基本的自由を…享有し又は行使することを妨げ又は害する目的又は効果を有するもの（外務省『あらゆる形態の人種差別の撤廃に関する国際条約』）

ここでポイントなのは、「世系」（出自）というキーワードと、「人権及び基本的自由を……害する目的又は効果を有するもの」というフレーズです。

日本政府は「世系」に基づく差別を「例えば、日系、黒人系といったように、過去の世代における人種又は皮膚の色及び過去の世代における民族的又は種族的出身に着目した概念」と解釈しています。つまり、外見や文化的背景に基づくような「人種」や「民族」と変わりない概念であると解釈しているのです。しかし、本来は「世系」とは先祖から子孫へと受け継がれる血統や系統を意味します。例えば、部落差別とは江戸時代の身分制度にルーツを持った、社会的につくられた「他者」のカテゴリーに基づく差別で、部落民に特に特徴的な文化や外見的特徴はありません（Q4参照）。このような「世系」に基づく差別を、日本政府は人種差別撤廃条約の範囲外としています。これは、国際基準に沿わない考え方です。

また、よく誤解される重要なポイントは「差別的な効果をもたらす区別は、差別である」という点です。マジョリティがつくり出す「区別」の論理が差別の隠れ蓑にされるケースは数多くあります。差別的な意図を持たずに行った行為でも、差別的な効果をもたらすのであれば、それは差別と言わざるをえません。例えば、ハンセン病患者を強制的に療養所に収容した1931年の「癩予防法」は、合理的な根拠もなく患者を隔離するものでした。この差別的な行政を、ハンセン病患者だからという「区別」の論理で正当化したのです。20世紀前半のアメリカ社会で白人と黒人が異なる水飲み場、レストラ

ン、バスの席を利用させられた人種隔離もこの一例といえるでしょう。明らかに質が悪い施設を黒人にあてがいながら、このような「区別」は「差別」ではない、と主張したアメリカの悪しき歴史が、「区別」が「差別」になりうる点を証明しています。

　ふたつ目の「レイシズムは個人による直接的な暴力のみを指している」という誤解も正しておかねばなりません。アメリカでも白人の多くは、レイシズムを暴力的な白人至上主義者などのヘイト団体と結びつけ、自分たちの問題としては考えません。ディアンジェロはこのようなレイシズムに向き合えないリベラルな白人たちの脆さを「ホワイト・フラジリティ」（白人の心の脆さ）と呼びました。キム・ジへの『差別はたいてい悪意のない人がする』で指摘されているように、いま問われているレイシズムの議論は、これまで社会によって見えなくされていたさまざまなタイプのレイシズムを可視化して、自分たちの問題としてそれに向き合うということです。

　ここでは、ふたつの不可視化されてきたレイシズムを取りあげます。それは「制度的レイシズム」と「マイクロアグレッション」です。制度的レイシズムとは、社会的な弱者が不利となる仕組みが社会構造に組みこまれているがために、特定の人種、民族、出自で生まれると、その後の人生が不利になる可能性が高まる、自助努力では克服しがたいシステム内の差別のことを指します。例えば在日コリアンは、過去も現在も日本社会で長く差別の標的になっています。関東大震災時の朝鮮人虐殺などの歴史事実を日本社会は深刻に受け止めるべきでしょう。そして同時に現在、在日コリアンが日々直面する差別に目を向けることも必要です。長い年月をかけて形成されてきた、根深い制度的差別の歴史的背景をたどってみましょう。

　第二次世界大戦後、朝鮮や台湾などの日本の旧植民地出身者の多くは帰国しました。しかし、朝鮮半島出身の60万人ほどが、すでに日本に生活基盤があったことや朝鮮半島情勢が不安定だったことから日本にとどまりました。そして、1952年のサンフランシスコ講和条約の発効とともに、日本政府は、旧植民地出身者の日本国籍を剥奪しました。これは、当事者に二重国籍を付与したり、国籍選択の自由を与えたりした他の国々とは、まったく異なる対応でした。これによって「外国人」とさた在日コリアンは、さまざまな補償

や福祉制度の対象外となる扱いにされたのです。例えば、戦争では日本側で戦ったのに、在日コリアンであるというだけで手当を受け取れない、国民年金や国民健康保険へ加入できない事態が、1980年代まで続きました。このような状況は、在日コリアンの生活的困窮、住居を貸してもらえない住居差別、雇用してもらえない雇用差別と相まって、在日コリアンへの制度的レイシズムにつながりました。在日コリアンであるだけで日本人と同じ土俵に立てない状況が長く続き、その影響は今も続いています。

　もうひとつは、近年注目が集まっている「マイクロアグレッション」と呼ばれる差別です。例えば外国人に対する「日本語上手ですね」や、ミックスルーツの人に対する「日本人っぽい／日本人っぽくないね」などが例として挙げられます。一見「これが差別なの？」と思われがちですが、実はふいに口に出してしまった言葉でも、当事者にとっては何度も聞いた言葉であり、自分と相手の間に線を引くような、排他的な行為であることに自覚的にならなければいけません。先ほどの例でいえば、「日本語上手ですね」や、「日本人っぽい／日本人っぽくないね」は、両方とも「あなたは日本人ではない」や、「よそ者である」というメッセージを、暗に発していることになります（Q7参照）。

レイシズムを過小評価することの暴力性

　このようなレイシズムをほとんど耳にする機会がないことは、レイシズムが存在しないことを意味しません。それは、社会的弱者の声を聞こうとしない、もしくは聞いても「大したことはない」と過小評価する社会の問題であり、差別のことを聞きたがらない個々人の「心の脆さ」の問題でもあります。これは同時に「聞かなくてもいい」人々、つまり「マイノリティの声を聞かずとも自分の生活に支障がない」マジョリティとしての傲慢さを反映しています。マイノリティが直面するレイシズム問題は、マイノリティ側の問題ではなく、日本社会全体の問題です。レイシズムを考えるための最初の心得は、他人事にせず、自分事として考えること、そして、見えないレイシズムを可視化していくことなのではないでしょうか。（鈴木）

第1章　身近なこと編

Q2
民族差別って人種差別となにが違うの？

　日本社会にはさまざまなマイノリティの人々が住んでいます。そして、そうした人々に対する差別に関しては国際社会から是正勧告がたびたび行われています。一方で、こうした差別の問題に対して、みなさんは、こんな発言を聞いたことはありませんか。

　　「日本に存在するのは、人種差別ではなく、民族差別だ」

　たしかに、メディアなどでも、アメリカの黒人差別の問題などは「人種差別」として報じられますが、日本における在日コリアンなど旧植民地の人々やアイヌ民族への差別は「民族差別」として報じられることが多いのです。しかし、日本が「人種」という概念をどのように受容してきたのか、その過程を見ると日本において「民族差別」と呼ばれているものが「人種差別」の一種であることがわかります。「人種」ではなく「民族」という言葉が用いられているのは、単なる言葉の違いに見えるかもしれません。しかし、実は「民族」という言葉の背景にこそ、日本人の人種に対する複雑な立場が表れています。

日本はどのように「人種」を受け入れていったの？

　日本に「人種」という概念が本格的に浸透していったのはいつ頃だったのでしょうか。それは今から150年以上前の幕末から明治時代にかけてだと言われています。「文明開化」という言葉もあるように、明治になると、日本に欧米諸国の文化や学問が急速に流入し、それまでの制度や慣習があらためられ、近代的な国家建設が開始されました。そして、このときに日本が欧米諸国から受容した思想のなかに「人種」がありました。人種という概念が生み出された過程については本書の第2章で詳述しますが、その理論の中心

14

には、「人間を分類し、序列化する」という考え方があります。人種には、欧米諸国が有色人種に対する支配を正当化するために発展してきたという背景があるため、そこでは、白人が有色人種よりも優れたものとされます。日本が近代的な国家建設を開始したのは、まさに、こうした人種観に支えられた欧米諸国による植民地支配が世界中を覆っていた時代でした。

では、日本は具体的にどのように「人種差別」の当事者となっていったのでしょうか。近代日本が掲げたスローガンのひとつに「脱亜入欧」というものがありました。このスローガンのもと、日本は欧米諸国に倣い、周辺地域に対する領土拡張政策を推進していきました。その過程で、日本が支配していったのが琉球、アイヌ民族、台湾、朝鮮でした。人種が欧米諸国による有色人種の支配を正当化してきたのと同様に、日本による支配もまた人種によって支えられました。例えば、アイヌ民族の地域を支配する過程において、アイヌ民族の人々は「怠惰」で「病気になりやすい」といった気質、特性を持った劣等人種であるとの言説が広まりました。これは、まさに先ほど説明した「人間を分類し、序列化する」といった人種主義の典型であり、日本による支配政策が人種差別の一例であることがわかります。そして、法的にも日本の支配政策は欧米諸国に倣ったものでした。例えば、日本がアイヌ支配のために施行した「北海道旧土人保護法」はアメリカのドーズ法と呼ばれる先住民政策の過程で施行された法律を参考にしたものでした。日本のアイヌ政策とアメリカの先住民政策につながりがあるとは、知らなかったと言う方も多いかもしれませんが、こうした事実を考えると、日本が欧米諸国における人種差別と無関係ではなかったことがわかります（Q24参照）。

また、日本がこうした支配政策を推進していたのと同時期に、日本国内において重要な事件が起きました。それが「人類館事件」です。事件は1903年に大阪で開催された第5回内国勧業博覧会における「人類館」という展示をめぐったものでした。この展示では、「異人種」としてアイヌ、琉球、台湾などさまざまな地域の人々が、まるで動物園で展示される動物のように衆目にさらされました。実は、こうした人間を万国博覧会などで展示するという行為は、19世紀、20世紀の欧米諸国において、「人種」という概念を人々に広めるために機能していたものでした（Q15参照）。欧米諸国に倣い

第1章　身近なこと編

周辺地域に対する支配を拡大していた日本も、欧米諸国と同様に「異人種」とされた人々を展示し、人種の存在を社会に広めていきました。

　このように、日本における支配・差別は欧米諸国と同じように人種によって支えられたものであることがわかりました。では、なぜ日本においては、「人種」ではなく、「民族」という言葉が用いられるようになったのでしょうか。実は、この民族という言葉には人種をめぐる日本の複雑な立場が表れています。人種が、欧米諸国の支配を正当化するために構築されてきたことは先ほど見たとおりですが、そこでは日本人も有色人種であり、欧米諸国から支配・差別の対象となります。さらに、日本が領土拡張政策を推進していくに従って、欧米諸国の間では、日本に対する危機感と「人種」が結びつき、「黄禍論」という言説が広まることになりました。「黄禍論」とは、日本人などの「悪しき黄色人種」が世界に禍をもたらすという言説です。こうした背景のもと、20世紀初頭には、アメリカを中心に日本人に対する排斥運動などの人種差別が横行しました。そのため、日本にとっては、人種という概念は自らの支配を正当化するものであると同時に、欧米諸国から劣等人種としての自分たちに向けられる差別を正当化するものでもありました。こうした人種をめぐる複雑な立場によって、日本では「人種」に替わって「民族」という言葉が支配的になりました。

　最後に、当時の日本人は自分たちが抱える差別についてどのように捉えていたのでしょうか。実は、当時の日本人は人種差別とは欧米諸国の抱える問題であり、自分たちの差別は人種差別ではないと考えていました。それを表す事例として、日本による人種差別撤廃案提案というものがあります。1914年から1918年にかけて行われた第一次世界大戦が終結すると、国際連盟設立に向けた各国の交渉が始まりました。そのなかで、日本は「人種差別撤廃」を国際連盟規約に明記することを提案しました。この提案は、国際社会に訴えかけたものとして評価できますが、一方で日本が自国の差別については人種差別と捉えていなかったということを示してもいます。日本の差別が人種差別であることはこれまで見てきた通りです。日本が人種差別撤廃を国際社会に提案したのと同時期に、朝鮮半島では三・一独立運動が起きました。この運動は日本からの朝鮮独立を目指して行われたものでしたが、運

16

動は日本の朝鮮総督府によって弾圧され、多くの死傷者を出すこととなりました。この提案は国際社会に訴えかけたものとして評価できますが、自らの支配地域に対しては苛烈な弾圧をしていたという二面性を考えると、日本の人種差別撤廃案が、日本人が自らの抱える人種差別に対しては向き合えていなかったことを示していると言えるでしょう。

人種にどう向き合うか

このように、日本において「民族差別」と呼ばれてきたものが、歴史的にも「人種差別」であるということがわかりました。そして、「民族」という言葉を用い、自分たちの社会に存在する「人種差別」に対して向き合うことができなかった日本人の姿は現在にまで受け継がれています。日本における差別を「人種差別」と捉えることによって、他国における差別が日本社会につながる問題であることが見えてきます。本書においては、主にアメリカを中心に諸外国の事例を取り上げますが、そこで描かれる問題からわたしたちも学ぶべきことがあるように思います。（若田）

第1章　身近なこと編

Q3
障がい者に対する差別事件はどうして起こるの？

　2016年、神奈川県の知的障がい者福祉施設で大量殺人事件が起きました。障がいを持った入所者19人の命が奪われ、26人が重軽傷を負うというとても悲惨な事件でした。では、どうしてこのような、障がい者に対する差別事件が起きてしまったのでしょうか。歴史的に障がい者差別の歴史を検証してみると、そこには「優生思想」の影が見え隠れしています。

　そもそも、「優生思想」とはどのような考え方なのでしょうか。これは、優生学がもとになっているものです。優生学とは、「人類の遺伝的素質を改善することを目的とし、悪質の遺伝的形質を淘汰し、優良なものを保存することを研究する学問である」と言われています。つまり優生思想とは、「悪い／劣った」遺伝子をなくし、「良い／優れた」遺伝子だけを社会に残し保存しようとする思想のことです。ナチ政権下でのホロコーストでは、「生きるに値しない命」として障がい者の殺戮や劣った人種とみなされたユダヤ人の大量虐殺が計画的に行われました。

優生思想に基づく日本の政策

　この「優生学」や「優生思想」は、イギリスで誕生しました。それが、アメリカやドイツなど各国に広がり、日本にも伝わって社会にも広く受容されていったのです。

　それでは、日本における優生学運動はどのような特色ある展開をしたのでしょうか。代表的な差別の政策としては「ハンセン病政策」があります。読者の方の中には、学校で習った人もいるかもしれませんね。ハンセン病とは、「らい菌」という菌が皮膚と神経を侵す慢性の感染症のことで、現在では完治する病気です。また、感染力が弱く、「最も感染力の弱い感染病」とも呼ばれています。この病気は、古代中国の文書やインドの古典、キリスト教の聖書にも書かれていて、古くからさまざまな場所で業病・呪いなどとして忌

み嫌われてきたものでもあるそうです。日本でも、昔からこの病気は存在していましたが、日本政府によって1907年に「らい予防に関する件」という法律が制定されたことで、ハンセン病患者への差別が強化されてしまいました。この法律は、ハンセン病の感染を広めないために、ハンセン病患者——そのなかでも、世の中から隠れてひっそりと暮らしていた患者たち——を一般社会から隔離したものです。これにより、日本の社会に「ハンセン病は伝染力が強い」という誤った認識が広まり、偏見を大きくすることにつながりました。偏見や差別の対象となったのは、患者だけではありませんでした。その家族も、結婚や就職を拒まれるなど、厳しい差別に直面していたのです。差別を恐れ、病気を隠し、適切な医療を受けられずに苦しんだ人もいました。

　偏見の広がりに伴い、1929年には「無らい県運動」というものが全国的に実施されます。信じがたいことですが、各県が競ってハンセン病患者を見つけ出し、強制的に入所させるという運動です。1931年には「癩予防法」（1953年に「らい予防法」へ改正）が成立し、放浪していた患者だけでなく、自宅にいた患者も強制的に療養所へ入所させられてしまいます。1996年になってようやくこの法律は廃止されますが、被害者の方々は高齢になっていたり、今も偏見が強く残っていたりするなど、問題は解決していません。近年では、その状況を改善するため、国により「ハンセン病の歴史と差別」についての教育が推進されています。

　次に、優生思想による差別の政策のふたつ目の例として、「旧優生保護法」について紹介します。この法律は1948年に国会において全会一致で成立しました。第1条を見てみましょう。「優生上の見地から不良な子孫の出生を防止するとともに、母性の生命健康を保護することを目的とする」とあります。つまりこの法律は、ほとんどの場合本人の意思にかかわらず、優生思想に基づいて障がいを持つ人の強制的な不妊手術や人工妊娠中絶を認めるものでした。

　この法律が制定された背景のひとつには、終戦後の人口急増があります。戦後日本では、国土は荒廃し、経済は壊滅的な打撃を受けて、深刻な食糧難に直面していました。同時に、戦時中に海外に渡っていた大勢の人々が帰国し、その後のベビーブームが拍車をかけ、人口が急増しました。このような

第1章　身近なこと編

状況をうけて、人口政策と優生思想が組み合わされた形で、この法律は生まれました。この法律には、前述したハンセン病患者のことも明記されています。つまり、優生思想に基づいて、障がいを持った人やハンセン病になった人は「悪い」遺伝子を持っており、それは遺伝するから出生を防いだ方がよいという考えが法に反映されていたということです。

　優生保護法は半世紀近く続いたのち、1996年に母体保護法へと改定されました。しかし、優生保護法を所管した厚生省（現厚生労働省）の統計によれば、この間に「優生上の見地から」不妊手術を受けた者は、「強制」と「同意」を含め少なくとも2万4991名いるとされ、法改正から20年ほど放置された被害者たちは、現在、国家賠償請求の裁判を起こし、今も地方裁判所での裁判が継続しています。例えば、2022年2月、旧優生保護法下で不妊手術を強制されたとして、被害者が損害賠償を求めた訴訟が大阪で行われました。そこで旧法は違憲であると判断され、国内ではじめて賠償命令が下されました。この判決により今後の被害者の救済のあり方に変化が出てくるかもしれないと指摘されています。

優生思想は身近に存在する

　ここまで、優生思想に基づき、病気になってしまった人や障がいを持った人が、国と社会によって差別され続けてきたということを見てきました。旧優生保護法やハンセン病政策の中身を見てみると、わたしたちの現在の生活からは想像ができないような、わたしたちとはかけ離れたものであると感じる人もいるかもしれません。しかし、優生思想はわたしたちの身近にかかわっている問題でもあるのです。

　例えば、「出生前診断」が想像しやすいでしょう。これは、子どもを産む前に、その子どもが障がいを持っていないかどうかを判断するものです。もし障がいを持って生まれてくる可能性が高いとわかったら、葛藤の末に出産を諦める人もいるでしょう。徐々に広がりをみせるこの診断ですが、これは「命の選別」という側面を抱えており、優生思想とも関連した倫理的問題でもあります。つまり、「生まれてくる子が障がいを持ったらかわいそう」「障

20

がいのある人の家族は実際大変だしかわいそう」という考え方によって、優生思想を受容してしまう可能性が身近にあるのです。

　しかしこれは、人の命を序列化するという点でレイシズムにも通じる、難しい問題です（詳しくはQ12参照）。これまで出生前診断は、優生思想批判の観点や、女性の自己決定権の尊重という観点などから、さまざまな議論が積み重ねられてきました。近年では診断技術の向上・発展に伴い、診断の利用が更に広がることが予想される中で、わたしたちがこの問題をどのように捉え、どのような社会を目指すのかという議論がより一層求められています。

　わたしたちは、優生思想を決して遠い昔の話としてではなく、身近な問題であると認識し、無批判にこの思想を受容してはいないかと、自身に問うてみることが大切なのではないでしょうか。（河口）

第1章　身近なこと編

Q4
部落差別ってそもそもなに？

　部落差別や同和問題という言葉を聞いたことがあるでしょうか。聞き馴染みのない人も多いでしょう。さらに、この部落差別が現代の日本社会で今もなお結婚差別やインターネットでの誹謗中傷といった形で起きていると聞いて、ピンとくる人はもっと少ないかもしれません。

　みなさんは、中学や高校の授業で部落差別の歴史をどのように学んだでしょうか。いま30歳代以上のみなさんは、被差別部落は江戸時代に起源があり、「士農工商」という身分制度の下に「えた・ひにん」がいたと学校教育で学んだはずです。しかし、現在では近世史や部落史の研究が進み、歴史の描かれ方が変わってきています。

　中学の教科書では、90年代後半に「士農工商」の記述は消え、江戸時代の身分は「武士・百姓・町人」の三つで説明されるようになり、それとは別に「えた・ひにん」がいたとされます。起源については、江戸時代に身分制が強固になり制度化が進んだという点では近世が重要であることは変わらないのですが、江戸時代以前からこうした人々への社会的差別が存在したことが示され、河原者でありながら室町時代に庭園づくりで活躍した善阿弥（龍安寺の石庭）が取りあげられるなど、多様な姿が描かれるようになっています。

　本Qでは、部落差別がなぜ現在に至るまで形を変えながら残ってきたのかを考えてみたいと思います。1871年に賤民解放令が出されてから、150年以上がたっているわけですから、単に封建時代の遺物として残り続けているわけではなく、近代以降に新たな差別意識がつくり出されたのではないでしょうか。そのような観点から、日本固有の部落差別の問題をレイシズムの問題として捉える見方を紹介し、考えてみたいと思います。

部落差別の歴史の見直し

　かつては部落差別のはじまりは、江戸時代と教えられてきましたが、現在では中世にさかのぼって起源が語られるようになっています。中世以来、日本では天変地異・死・犯罪など人間がはかりしれないことを「ケガレ」として怖れる意識があり、それに関わった人々が差別されることがありました。この「ケガレ」や「キヨメ」意識を背景に社会的差別が始まり、差別された人々は地域によってさまざまな呼称で呼ばれました。

　「えた」と呼ばれた人々は、農林漁業のほかに、死牛馬からの皮革の加工業、町や村の警備、草履や雪駄づくり、下級刑吏（牢獄の看守・処刑人）などに従事し、「ひにん」と呼ばれた人々は、町や村の警備・芸能などに従事しました。こうした職業は、社会的に必要なものでしたが支配者に都合よく利用され、江戸時代以降に制度化が進み、幕府や藩がお触れをだすことによって、百姓や町人とは別の身分として社会的に位置づけられ、差別が強化されました。

　しかし、江戸時代に「えた・ひにん」の身分とされた人々の境遇は明治時代になると大きな転機を迎えます。1871年（明治4年）、明治政府は天皇のもと全国民は平等であるとして賤民解放令を発布しました。これにより江戸時代の身分社会は解体され、制度上の被差別身分は廃止されたのですが、皮肉にもこれによって部落出身者はさらなる苦境に立たされることになりました。なぜならかれらが就いていた職は幕府から任を受けた公務という扱いであり、身分社会の解体とともに職も失ってしまったからです。政府からの経済的支援は得られなかった上に、政府の掲げる平等思想が国民に浸透しなかったため、部落出身者は貧困と差別の二重苦に苛まれることになってしまったのです。

　明治維新後の近代日本で、身分社会が解体され平等になったはずなのに、部落差別が強化された点は理解が難しいかもしれません。黒川みどりさんの研究では、身分の境界がなくなったからこそ、人々は部落出身者を「人種のちがい」という差別の境界に置き換えて理解し、さらに「民族のちがい」に

第1章　身近なこと編

なり、「民族は同じだが異種」となっていったとその系譜を辿っています。つまり、こうして部落差別は近代以降に身分差別からレイシズムへと性格を変えていったのではないでしょうか。Q1でのレイシズムの定義にあるように、これは「血統」や「血筋」の違いであり、被差別部落の人々が「生来違う性質を持っているという信念」を作り上げ、この差異の意識を見えない壁としてつくり出したのです。近代日本に輸入されたレイシズムの思想が、被差別部落の人々を犯罪と結び付け、その居住区を貧困・不潔などのイメージで語ることで、差別が再生産されていったことが、現在にまで連なる部落差別の底流にあるのではないでしょうか。

全国水平社からはじまる部落差別解消への歩み

　ここまで被差別部落の人々がどのように差別されてきたのかを概観してきましたが、ここからは部落差別からの解放を目指す取組みを見ていこうと思います。

　1922年、部落出身者への差別が続くなか、奈良県御所市の青年たちが全国の被差別部落の団結を呼びかけて、全国水平社の設立大会を開きました。大会では部落差別の廃止と人間の尊厳の回復をうたう「水平社宣言」が読み上げられ、結びの一文には「人の世に熱あれ、人間に光あれ」とありました。本宣言は、日本で最初の人権宣言であると同時に、被差別のマイノリティが発した同種の宣言として世界的にも評価されるべきものだと思われます。それゆえ海外メディアも注目しており、例えばニューヨークタイムズ紙は「蔑まれてきた「えた」が平等のために立ちあがる」と大きく報じました（1928年1月1日記事）。

　第二次世界大戦後、部落解放運動が再建され、1946年には部落解放全国委員会が結成され、1955年には部落解放同盟と改称し、部落問題のみならず、あらゆる差別の撤廃、人権の確立のための取組みを再開します。敗戦後の日本ですが、戦後復興期に大きな変化が訪れます。1950年代に朝鮮戦争特需で日本経済が不況から脱すると、多くの都市で復興事業が進められました。この復興事業の過程で、貧困地区として取り残された被差別部落に国民

の関心が向けられるようになり、政府は世論に押される形で1960年に同和対策審議会を設置し、部落問題の解決を「国の責務」であると位置づけました。

　1965年に提出された同和対策審議会答申では、部落出身者は「特種」ではないことが明言され、続く1969年には同和対策事業特別措置法において、被差別部落の整備と部落出身者の生活支援が決定されました。この法律により多額の資金が差別撤廃にあてられ、部落出身者の生活状況が大きく改善されることとなりました。他方、周辺の人々による差別意識には改善が見られなかったため、事態の根本的な解決には至っていません。この法律が時限立法であったため延長や新法案の成立などが行われましたが、ついにこの差別意識の変革が叶わないまま2002年には失効します。

被差別部落問題のこれから

　冒頭でも述べたように、現在も部落差別は続いています。この差別被害の最たる事例が、結婚差別です。部落出身者が結婚しようとしても相手方の親族や本人から拒否される事案が21世紀のいまも起きているのです。また、近年ではインターネットを使った差別扇動が目立つようになっており、SNS時代ならではの対応が求められています。

　レイシズムの一種として差別が繰り返し再生産される、深刻な部落差別の現状を踏まえて、2016年には「部落差別の解消の推進に関する法律」が制定されました。この法律は、「現在も部落差別が存在する」ことを前提に、意識改革を目的とした教育と啓発の推進を主とする恒久法で、これにより部落差別が解決に向けて前進することが期待されます。

　部落差別を解決するためには、まずは一人ひとりが現状を正しく認識することがなによりも求められており、日本型レイシズムのひとつとして理解し、これに向き合うことが必要なのではないでしょうか。

（青木、貴堂、一部改訂）

　＊Q4は、読者からのご意見を受け、新しい部落史の研究動向を取り入れて、記述を一部修正しました。

第 1 章　身近なこと編

Q5
なんで日本は移民・難民に優しくないの？

　みなさんは日本にどれだけの移民がいるかご存じですか？　日本には、250万人ほどの移民が暮らしており、これは日本の人口の約2％にあたります。また、その数は世界のなかでも多く、第4位に該当します。この点で日本は「移民大国」と言えますが、移民の数が増えるなかでさまざまな課題が生じています。また、日本政府は短期間での外国人労働者を受け入れているにすぎず、移民政策は行っていないという立場をとっています。難民の受け入れにおいても厳格な姿勢をとっており、難民認定にかかわる手続きや条件の厳しさから、2021年度の難民認定率は0.3％と非常に低く、G7のなかで最低の値となっています。以上のことから、他国と比較すると日本は制度的な面で移民・難民に「優しくない」と言えます。

　それでは、なぜこうした制度が維持されているのでしょうか。ここでは、考えられる理由をふたつ紹介します。ひとつ目は、単一民族国家を維持したいという政府側の思惑です。日本政府は、国家統合を推し進め社会秩序を保つことを目的に「単一民族」として均一な社会構造を維持してきたため、異なる文化や思想の流入によってそのバランスが崩れることを恐れているのです。ふたつ目は、移民・難民に対する日本人の抵抗感です。移民・難民は歴史的に貧困や暴力・犯罪などの否定的観念と結びつけられてきたため、増加すれば治安の悪化や日本人の雇用機会の減少を招くという考えが生じているのです。このふたつが土台となって、移民・難民に優しくない現状となっているのです。

日本における移民・難民受け入れの歴史と背景

　現在の移民・難民に対する日本政府の姿勢がどのように形成されたのか理解するために、日本における移民・難民に関する歴史を簡単に振り返ってみます。今では移民受け入れ国としての立場を確立している日本ですが、かつ

ては移民送り出し国でした。当時、日本は人口過剰により労働力が余っていたため、日本政府は1888年の奴隷制廃止（ブラジル）により農業労働者が不足していた中南米地域を中心に海外への移住を奨励しました。政府が、移民の募集における良い面だけを強調していたこともあり、期待感を持って移住した人も多くいましたが、移住先で差別や過酷な労働環境に苦しみました。1910年の「韓国併合」以降は、労働力不足を補うために多くの朝鮮人が大日本帝国の臣民として強制連行・労働させられ、終戦時には日本に約200万人の朝鮮人がいたと言われています。しかし敗戦後、日本政府は朝鮮人を秩序を乱す「外国人」として捉えるようになり、在日朝鮮人の排除を進めるため、入国管理にかかわる法令を制定します。サンフランシスコ平和条約が発効されて、主権を回復したことで、こうした法令は法律として効力を持ち、入国管理制体制が築かれました。また、敗戦によって日本国民の間で混合民族論に代わって単一民族論が一般化し、朝鮮人に対する差別意識が高まりました（コラム2参照）。

　こうした排外的な風潮のなかで入管体制が築かれたことは、入国管理と治安維持を結びつけたという点で、現在まで厳しい受け入れ姿勢が続く背景と言えるでしょう。高度経済成長期を迎えた日本は、1970年代初頭には国策としての移民の送り出しを終了しました。しばらくは外国人労働者の受け入れにも消極的でしたが、1980年代後半のバブル経済期になると安価な労働需要の高まりに伴い、新たな在留資格を設けることで専門・技術的分野の外国人労働者の受け入れを拡大し、日本は移民受け入れ国へと転換したのです。1993年には、出身国において修得が困難な技能を付与して開発途上国の経済発展を進めることを目的として外国人技能実習制度が誕生しました。長らく高度人材の受け入れに注力していましたが、2019年の入管法改正によって、工場労働や建設作業など人手不足が深刻な分野における単純労働者の受け入れを正式に受け入れることを決定しました。このように日本では移民を基本的に労働力として扱っており、本来の意味での移民政策は存在しないのです。

　では、次に難民の受け入れに関する歴史を見ていきましょう。難民は、内戦や紛争・環境異変などによって移動を余儀なくされた人々を指します。第

二次世界大戦中の1940年に、杉原千畝領事代理がビザを発行したことで、ナチスの迫害を逃れて多くのユダヤ人が命を救われたことはよく知られています。それ以後は難民との接点が少なかった日本ですが、内戦の勃発により発生したインドシナ難民の受け入れを契機として難民条約に加入しました。日本は、難民条約加入後、「入管難民法」を施行しますが、1980年代から2000年代にかけては申請者数・認定者数が非常に少なく、「難民の氷河期」と呼ばれるほどでした。これには日本の難民認定制度の知名度が低かったことや排外的風潮が関係しています。日本人は、紛争を取り巻く世界情勢に対し無関心で難民への理解が乏しかったため難民を歓迎しない風潮があり、仮に申請したとしても入国拒否され追い返される外国人は少なくなかったようです。その後、入管難民法の改正により難民申請者は増えたものの、就労目的による難民認定申請を防止する意図もあって厳しい認定条件が維持されたことで、難民認定率は低いままとなりました。

日本における移民・難民を取り巻く課題・現状

こうしてつくり上げられた現在の日本の移民・難民に対する制度は、実際にどのような課題を生んでいるのでしょうか。まずは技能実習生の人権侵害が挙げられます。技能実習制度においては、移住した技能実習生が最低賃金を下回る違法な賃金や長時間労働、残業代の未払いなど劣悪な「奴隷労働」に苦しむケースが多く存在します。また、職場における日本人からの差別も問題となっており、技能実習生への対応が適切なものか見つめ直す必要があります。こうした状況に苦しみながらも技能実習生は転職が認められていないため、どうすることもできないのです。

次に、非人道的な収容が挙げられます。入管収容施設では、非正規滞在者や難民申請者が例外なく収容され、劣悪な収容環境や職員からの不当な扱いにより心身ともに過度なストレスを受けています。さらに日本の法律には、収容期間についての明確な上限が設定されていないため、一刻も早い収容所からの解放を待ち望むしかすべがありません。こうした状況下において、過去15年間で少なくとも17人の死亡者が報告されています。2021年には、

スリランカ人の女性が収容中に亡くなったことが報道され、収容施設の実態が注目を集めました。入管施設に収容後、体調が悪化して尿検査では「飢餓状態」を示す異常値が出たにもかかわらず、入管側が放置という対応をとったことによって彼女は歩けないほど衰弱して死に至ったのです。

　入管施設での死亡者は、貧しい国の出身者や非白人に限られているように、入管施設は日本社会の構造的差別の表象であると言えます。これは、難民の認定においても同様であり、難民認定者の国籍に極端な偏りが見られることから、日本の認定基準は不明瞭であり、難民性ではなく、国籍や日本と難民発生国との友好性の度合いによって判断していることがわかります。相手によって判断基準を変えることを指す「ダブル・スタンダード」の問題は、2022年に発生したウクライナ避難民への「特別扱い」にも表れています。日本政府は、ウクライナ避難民に対して即座に短期滞在ビザを発給し、政府専用機に搭乗させる異例の対応をとったほか、来日後は就職先や住宅の斡旋・日本語教育など手厚く支援しています。それに対して、ミャンマーやアフガニスタン難民に対してはビザの申請において厳しい条件を課しており、受け入れ後も支援策が限定されています。難民の受け入れや支援に関して、国籍や政治的背景に関係なく、日本での就労や移住を望むすべての人に対してウクライナ避難民と同様の措置をとってこそ、真の意味での救済がなされていると言えるのではないでしょうか。

　ここまで、移民・難民を取り巻く課題について見てきましたが、こうした課題の解決には制度面での改善だけではなく、日本社会における差別意識をなくす必要があります。まずは、一人ひとりが自分は無関係だとは思わずに、日本社会の一員として日本人移民が移住先で差別にあった歴史を理解する必要があります。そのうえで移民・難民に対する否定的なイメージを払拭すること、そして差別や偏見をなくすことが移民・難民に「優しい」社会を築くために大切なことではないでしょうか。（辻）

第1章 身近なこと編

Q6
日本における「日本人」って誰のこと？

「日本人って誰のこと？」と聞かれたら、なんと答えますか。「日本国籍を持つ人のこと」と答える人が多いのではないでしょうか。それでは、アメリカに帰化した研究者がノーベル賞を受賞したとき、「日本人で〇人目の快挙」と報道されるのを見たことはありませんか。この場合、国籍はアメリカですが「日本人」として数えられています。あるいは日常生活で、初対面の人が「日本人らしくない」見た目で、ルーツを聞きたくなったという経験がある人もいるのではないでしょうか。このような例をみると、「日本人」の定義は曖昧なものだとわかってきます。特に、ポジティブなことをすると「日本人」、ネガティブなことをすると日本以外のルーツが注目されて「外国人」とされることがあります。国籍だけでなく、外見、生まれた場所、習慣、言語など、いろいろなレベルで「日本人／我々」と「外国人／かれら」の区別がつくり出されることで、レイシズムは生まれているのです。

「日本人」化と「外国人」化

冒頭で触れたように、「日本人」は「日本国籍を持つ人」だと言われることがあります。しかしその定義では、二重国籍や無国籍の人、外国籍で日本で育ち「日本人」というアイデンティティを持つ人、日本国籍で外国で育ち「日本人」というアイデンティティを持たない人、日本国籍で先住民としてのアイデンティティを持つ人などは、矛盾を抱えることになります。「日本人」や「外国人」という言葉は当然のように使われますが、その定義は曖昧なものなのです。「日本人」や「外国人」のイメージは、髪型・髪質・髪色・目の色・肌の色・体格といった外見に加え、名前、宗教、話し方、生活習慣、趣味、服装など、多様な指標によってつくられています。日本社会には文化的にも言語的にも、その他のさまざまな指標においても多様性があるはずなのに、「日本人」という単一のイメージがつくられてきました。「純

30

ジャパ」という言葉はこの「単一の日本人像」を指しているのではないでしょうか。そのイメージとずれている指標があると、排除の対象となってしまいます。さらに文脈によって、「日本人」と「外国人」の境界線も引き直されてきました。多様な指標の中から都合の良いものが選択され、包摂と排除の構造がつくられてきたのです。

　ここでは大坂なおみ選手とノーベル賞受賞者の事例を通じて、文脈によって「日本人」と「外国人」がどのように意味づけられていくのか、見てみましょう。

　2018年、大坂なおみ選手が全米オープンで優勝した際、「日本人初の快挙」として大々的に報道されました。会場には「日本の誇り」というメッセージがあり、中には「彼女のしぐさやコメントは、日本人より日本人らしい」と話す人もいました。「シャイで繊細な人柄」が「日本人らしい」とされたのです。また、大坂選手は東京オリンピックを前に日本国籍を選択しました。アメリカのように多重国籍を認める国もありますが、日本では国籍法で、日本と外国の国籍を持つ重国籍者はいずれかの国籍を選択することが定められています。大坂選手の場合は日本国籍とアメリカ国籍を持っており、22歳のときにどちらかを選択する必要がありました。アメリカ国籍からの離脱を選択したことが報道されると、SNS上では「日本を選んでくれてうれしい」という声があがりました。これらの例では大坂選手は「日本人」に包摂されています。

　一方で「日本人」から排除された例もあります。BLM運動が隆盛していた2020年8月、アメリカで起こった警官による黒人男性の銃撃への抗議のために、大坂選手は試合を棄権することを表明しました。このとき、SNSでは「日本人なのに黒人問題を理由に棄権することが理解できない」という批判があがりました。この発言には、「日本人」かつ「黒人」であることは不可能だという前提があります。2021年の東京オリンピックで大坂選手が聖火リレーの最終ランナーを務めた際にも、歓迎の声の一方で批判も聞かれました。「日本語話せないし、純日本人じゃない」や「日本国籍ってだけで、思想や見た目も日本人じゃない」「日本に住んでいないのに」といったものがあげられます。この場合には肌の色、言語、居住地といった指標が使われ

第1章　身近なこと編

て「わたしたちと違う」という線引きがされています。このように「国家の代表」として「日本人らしさ」が求められる場面で、排除の構造がつくられやすいことがわかります。大坂選手の国籍や出生地、性格、外見、言語などの要素を組み合わせることで、文脈によって「日本人」に含めたり排除したりしてきたのです。

　次に、ノーベル賞受賞者の例を見てみましょう。2014年、アメリカ国籍を取得している中村修二氏が、赤﨑勇氏と天野浩氏とともにノーベル物理学賞を受賞しました。その際、当時の安倍晋三首相は「日本人として20人目、21人目、22人目の受賞を心からお慶び申し上げます」というコメントを発表しました。また、1975年にアメリカ国籍を取得した眞鍋淑郎氏が2021年にノーベル物理学賞を受賞した際にも、松野博一官房長官が「今回の受賞により、日本人のノーベル賞受賞者は28名となり」と反応しています。しかし、国籍法第十一条では「日本国民は、自己の志望によつて外国の国籍を取得したときは、日本の国籍を失う」と定められています。もし「日本人＝日本国籍を持つ人」なのであれば、二人は「日本人」として数えられないはずです。上記の政治家の反応は、国籍ではなく出生地、生育地、言語、見た目によって「日本人」のカテゴリーに中村氏と眞鍋氏を入れているのだと考えられます。「日本人」の定義に使われる要素は異なりますが、全米オープンで優勝した大坂選手とノーベル賞受賞者はどちらも「日本人の誇り」とされており、「日本人」化される構造が見られます。

　それでは、逆に海外の国籍から日本に帰化する場合はどうなるのでしょうか。日本の国技である相撲の例を見てみましょう。2016年に福岡出身の琴奨菊が優勝した際、「日本出身力士として10年ぶりに優勝した」と報道されました。「日本人」ではなく「日本出身力士」と書いたのはなぜなのでしょうか。琴奨菊の10年前に優勝したのは、東京出身の栃東でした。しかし、その間の2012年にはモンゴルから来日して日本国籍を取得した旭天鵬が優勝しています。国技で「本当の日本人」が優勝したという誇りを表すために、「日本出身力士」という書き方をして、帰化した力士を排除しているのです。日本に帰化しても「外国人だった」というレッテルが残り、「日本人ではない」存在とされていることがわかります。

これらの例からわかるように、「日本人」と「外国人」の境界線は、その時々の文脈によって、さまざまな要素を使って引き直されているのです。

日常でもつくり出される「日本人」と「外国人」の境界

ここまで著名人の例を挙げましたが、「日本人」と「外国人」の区別をつくるような言動は日常生活でも起きています。これも区別が差別をつくり出す事例のひとつです。例えば、見た目が「日本人らしくない」人が不動産屋に行ったら「外国人はお断り」と言われてしまうことや、名前が「日本人らしくない」人が就職活動で落とされることがあります。これらは意図的に相手を排除しています。一方で、「日本語が上手ですね」のように褒めたつもりの言葉が相手を傷つけてしまうこともあります。なにが問題なのか、次のQで見てみましょう。（大島）

第1章　身近なこと編

Q7
「日本語上手ですね」のなにがいけないの？

　みなさんは、「日本語上手ですね」という発言を聞いてどのような感想を抱きますか。単に日本語の技能をほめるだけの発言であり、そこには好意しかないように感じるでしょう。でも、実はこのような発言は、マイクロアグレッション（「マイクロ（微細な）」と「アグレッション（攻撃・侵害・敵意）」の合成語）と呼ばれる差別的発言に当たる可能性があります。この発言をした人には、差別の意識や悪意はないのかもしれませんが、そこには「わたしたちの仲間（＝日本人）ではない」という隠れた意識が含まれています。そして、このような発言はそれを受けた人にダメージを与えてしまうのです。

マイクロアグレッションってなに?

　マイクロアグレッションとはなんでしょうか。デラルド・ウィン・スーによれば、この用語は1970年代にアメリカの精神医学者であるチェスター・ピアースによってはじめて使われました。ピアースはこの用語を使って、日常的に黒人に向けられるけれど、直接的な差別用語が含まれないため差別とは主張しにくい侮辱の言動について、言い表そうとしました。ピアースは、人種的なものにのみ焦点をあてましたが、マイクロアグレッションはわたしたちの社会で疎外されているあらゆるグループに対して向けられる可能性があります。それを口にした本人に誰かを差別したり、傷つけたりする意図がなくとも、日常的にそのような言葉を受ける側にとっては、自分はこの社会に属してはならないと思わされ、小さなダメージを心に蓄積することになります。

　マイクロアグレッションは、わたしたちの日常会話における会話や振る舞いに混ざり込んでおり、わかりづらいのが特徴です。その発言の中には、レイシズム、女性やマイノリティへの蔑視、ジェンダーバイアスやステレオタイプなどが含まれています。

34

そして、マイクロアグレッションの厄介な点は、発言した人に「差別をしている」という意識がないことです。マイクロアグレッションは、ヘイトスピーチなどの剝き出しの差別行為とは違い、見えにくいからこそマジョリティの人々は無視できるという不公平な構造を持っています（Q13参照）。マイクロアグレッションは、そのわかりにくさから日常会話のなかで何気なく流れてしまうことが多いのです。

しかも、このようなマイクロアグレッションの見えにくさから、その隠れた攻撃性に気がついて声を上げた人がいたとしても、「考えすぎだ」「気にするな」という非難を浴びるということもあります。マイクロアグレッションは、見えにくくとも受け手の自尊心を攻撃し、怒りや失望を引き起こし、精神的活力を枯渇させるのです。マイクロアグレッションの一度の影響力は大きくないかもしれませんが、生涯にわたって継続的に発生することで、その影響は蓄積し、深刻な結果をもたらす可能性があるのです。

マイクロアグレッションの具体的な事例

では、マイクロアグレッションについて具体的な事例を見てみましょう。

1. ルーツが外国の人に対しての「どちらのご出身ですか？」や「どちらでお生まれになったのですか？」という発言。ここには、「日本語が上手ですね」という発言と同じように、「あなたは日本人ではない」というメッセージが暗に込められています。これは、見た目が外国人に見える人は日本人（仲間）ではない、と考えていることになり、相手をよそ者扱いをしていることになります。

2. 黒人に対して「歌やダンスが得意そうだ」という発言や、アジア人に対して「数学を教えて」という発言。ここには、「黒人はダンスや運動が得意である」や「アジア人は数学が得意であるはずだ」というステレオタイプが含まれています。これは、人種や出自に対するステレオタイプがもとになっているマイクロアグレッションです。

3. 「女性だから家事が上手だね」や、「女性なのに理系科目が得意ですごいね」、「男性にしては字がきれいだね」という発言。ここには、「女性は家

事が得意なのが当たり前」や、「女性は理系科目が不得手」というメッセージ、「男性は女性よりも字が汚い」という隠れたメッセージが込められています。これはジェンダーに関するステレオタイプが原因となっているマイクロアグレッションといえるでしょう。

4. 黒人に対して「肌の色なんて関係ない」という発言や、同性愛者であることを打ち明けた友人に対して「そんなこと関係ない。あなたはあなただよ」という発言。これらは、一見相手を尊重している発言に見えるかもしれません。しかし、これらは相手が感じたこと、経験したことを、ないものとして捉えようとする発言であるといえます。したがって、これらの発言も受け手のことを気づかぬうちに傷つけているのです。

5. 「ゲイだからセンスがあるよね」や、「トランスジェンダーだから男性・女性どちらの気持ちもわかるでしょ」という発言。これらの発言は、LGBTQに対するステレオタイプによるマイクロアグレッションになります。

　これらの事例を見ると、マイクロアグレッションはレイシズムやステレオタイプ、女性・マイノリティ蔑視から生まれてきたものであるということがわかるのではないでしょうか。誰かに対して、その人の属性や性的指向、ジェンダーなどによって決めつけを行うことがマイクロアグレッションにつながっています。また、わたしたちは誰もがマイクロアグレッションをしてしまう可能性があること、マイクロアグレッションと関係がない人は存在しないことが理解できたのではないでしょうか。

わたしたちはマイクロアグレッションにどう向き合うべきか

　マイクロアグレッションをなくしていくにはどうしたらよいでしょうか。自分がマイクロアグレッションの加害者にならないため、また身の回りで起こってしまっているマイクロアグレッションに気づくために、まず、わたしたちは自分が持つステレオタイプに気づかなくてはならないでしょう。それは難しいことではありますが、まずはアンテナを張って知識を身につけていくことが大切です。

　そして、マイクロアグレッションに気づいたら声を上げていかなければな

らないでしょう。マイクロアグレッションはその特性から発言者が無自覚な
ケースがほとんどです。だから、自分が声をあげることによって、そのよう
な人々に気づきの機会を与える必要があるのです。マイクロアグレッション
を受けた人に対して「気にするな」と言うことは、励ましのつもりでもマイ
クロアグレッションを強化させることにつながってしまいかねません。した
がって、当事者の気持ちを大切にしながら反論の声を上げていくことが、多
くの人にマイクロアグレッションについて気づかせ、なくしていくことにつ
ながっていくのです。(宍倉)

第 1 章　身近なこと編

Q8
「ハーフ」って呼んだらダメ？

　はっきりとダメと言えるわけではありません。当事者のなかには、「ハーフ」と呼ばれることを好む人もいます。しかし、ふたつのことに気をつけてみてください。ひとつ目は、「ハーフ」に類似する呼称には、「ミックス」「ミックスルーツ」「ダブル」「アメラジアン」「クォーター」などがあり、これらはその人のアイデンティティに深くかかわる言葉です。複数のルーツのある人たちを「なんと呼べばいいの？」「どの言葉が正しいの？」と迷ってしまう人もいるかもしれません。ですが、まず大事なことは、他人が当人の意思を無視して決めるべきことではないということです。当人が自分のことをどう呼ばれたいのか、呼ばれたくないのか、当人にこそ決める権利があると考えましょう。ふたつ目は、本書の主題であるレイシズムや差別の問題とかかわることですが、複数のルーツのある人々の呼称には、日本社会で形成された偏見やステレオタイプがへばり付いています。かれらは見た目で判断されて、学校などで嫌がらせにあうケースが多くあります。その問題の根幹は社会が醸成した偏見であり、「完全な」「純粋な」日本人とそうではない人（「ハーフ」＝半分、「完全ではない」含意）を差異化し、自他の境界線を引く社会の側にあります。

日本における「混血児」「ハーフ」の歴史

　では、「ハーフ」などと呼ばれてきた人々は、日本国内において、どのように扱われてきた歴史があるのでしょうか。

　まずは言葉の使い方について確認していきましょう。かつて人種や民族、国籍などが異なる両親から生まれた人々の呼称として、「混血」や「混血児」という用語が使用されていましたが、これらの用語は、現代ではむやみに使用してはいけない差別的な表現とされています。右の表にあるように、時代ごとにその名称はさまざまで、「あいのこ」「雑種」「国際児」などの言葉も

38

「混血児」と「ハーフ」の歴史の主な時代区分

I	明治時代〜	「混血」という言葉が初出する。主に欧米白人ルーツの「混血児」がメディアで注目される。
II	戦前〜	内鮮結婚（朝鮮）、日本の植民地主義の影響下の性的関係（朝鮮、旧満州、南洋諸島、ソ連など）。
III	1945年〜	占領軍兵士と日本人女性との「GIベビー」「戦争孤児」（混血孤児）。
IV	1970年〜	「ハーフ」などと名指される人々が注目される。ハーフブーム。「ハーフ」のアイドル化。
V	1990年〜	グローバル化に伴う「ハーフ」などと名指される人が注目される。支援者を中心に社会運動が起こる。
VI	2010年代〜現在	当事者がSNSを通じて声を上げ、レイシズムが広く認識しはじめる。一方で「美」の象徴として見られ続けている。黒人ルーツの「ハーフ」などと名指される人のスポーツ界の活躍が注目され、SNSで差別の告白がされる。

ありました。現在、これらの言葉はメディアでも使いません。ここでは同時代に使われた用語として括弧を用い「混血」「混血児」などを使用します。

　では、「混血児」や「ハーフ」の歴史を扱った研究書の整理をもとに、歴史的に振り返ってみましょう。歴史をたどることで、これら言葉の持つ含意がわかってくると思います。

　明治・大正時代、「日本人」アイデンティティの輪郭が描かれていくなか、日本人と西洋人の間の子どもとして「混血」「混血児」が注目されました。『舞姫』などの文芸作品を発表した小説家の森鷗外が自身の講義録『人種哲学梗概』（1903年）のなかでフランスの文人ゴビノーの『人種不平等論』を批判的に紹介し、「混血」という言葉が活字媒体で広がりました。「混血」「混血児」は、文字通り「血」が混ざっているという意味合いを持ち、たいていネガティブな意味合いで使われました。例えば、小説家の谷崎潤一郎の『痴人の愛』（1924年）に登場するナオミという女性は、「混血児」と周囲から噂されることで西洋的な「美」の象徴とされる一方で、物語のなかでは「混血児」が劣等的な意味でも使われています。ナオミは日本人／西洋人の身体的特徴を持つほか、さまざまな両義性を持つ女性として描かれています。

　その後、日本は、日露戦争後に朝鮮を植民地化しますが（1910年「韓国併合」）、この日本による植民地支配期には、植民地朝鮮の同化政策、皇民化政策の手段のひとつとして、朝鮮総督府の外郭団体により1930年代から日本人（内地人）と朝鮮人との婚姻、「内鮮結婚」が推奨されていきました。朝鮮では「内鮮一体」、同じく台湾では「内台一体」という融和の象徴とされて、日本人と植民地の人々の「混血」が進んでいきます。こうした「混血」

のつくられ方は、タテマエとしてはアジア諸民族の共存共栄を謳った大東亜共栄圏のアイデンティティ形成に合致する面があった一方で、欧米の優生思想の影響（「混血＝退化」と考えられました）もあって否定的な捉え方もされました。結局、これらの「混血」は、「日本人」の優越性や大東亜戦争の正当性を「証明」するために利用されるだけされて、当のかれらを国家や社会が積極的に受け入れることはありませんでした。

　近代日本では、アイヌ民族や沖縄の方たち、あるいは被差別部落出身の人との結婚において、しばしば差別意識が顕在化し、結婚差別が起こりました。結婚差別とは、男女の婚約や結婚に際して、相手方の学歴や家柄、民族の違い、障がいの有無などによって、結婚が反対されもしくは解消したりするものです。戦前の植民地下での国際結婚は、その後も国籍や姓名の違いが徴となりうる点で、植民地時代の負の遺産となっていきました。

　戦後になると、GHQ占領期に米兵と日本に住む女性との子ども（いわゆるGIベビー）が厚生省・文部省（現文部科学省）によって「混血児」と呼ばれるようになります。米兵と結婚しアメリカに渡った日本人女性、いわゆる「戦争花嫁」は4万人を超えました。しかし、「戦争孤児」が増えていき、その中にはGIベビーも含まれていました。その子どもたちのために澤田美喜が創立したエリザベス・サンダース・ホームのような児童養護施設が建てられたり、日本や外国に養子に出される子どもも出てきます。しかし、子どもたちは日本の学校や就職先で出自による差別を受けることも少なくありませんでした。また、戦後の「混血児」・「戦争孤児」・「混血孤児」は、実際にはGIベビーだけではなく、日本人と旧植民地出身者の子どもらも含まれていました。こうして「混血児」には、戦前からのネガティブなレッテルに加えて「敗戦」のイメージも付け加えられたのです。

　1970年代頃、「ハーフ」という言葉が広く使われるようになりました。女性4人アイドルグループの「ゴールデン・ハーフ」の活動が大きな影響を与えたと言われています。特に、白人ルーツで「ハーフ」と呼ばれる女性たちがテレビや雑誌で「美」の象徴としてもてはやされました。ただ、だからといってこれまでのイメージからポジティブなイメージに転換したわけではありません。「ハーフ」のイメージが女性で白人ルーツに偏り、これまでの

「混血」・「混血児」のネガティブなレッテルや差別問題などはそのまま覆い隠されてしまいました。

　1990年代から支援者を中心に社会運動が起き、主にメディアに向けて「混血児」の使用禁止運動が行われました。「ハーフ」という言葉が持つ「半分」の意味からくる不足しているイメージや、「混血」という言葉がつくり出す「不純」のイメージを払拭しようとしました。フィリピン系支援NGO団体「コムスタカ──外国人と共に生きる会」は「混血児」の使用をやめ、「国際児」を用いるよう提唱しました。また、「ダブル」という呼称は、ふたつの文化や言語を合わせ持つことを強調しています。「ダブル」という呼称は、在日コリアンの社会運動や沖縄におけるアメラジアンスクールなどで使用されていきます。そして、この時期にはグローバリゼーションが本格化し、それに伴って国際結婚が増加しました。

　21世紀に入ると、「ハーフ」などと呼ばれてきた人々がSNSなどで積極的に自らの経験を発信するようになりました。ミックスルーツという言葉を使ったり、メディアでの差別経験の発信やSNSでの居場所作りをしたりなどのコミュニティ形成は、「ハーフ」などと呼ばれてきた人々に対する差別や偏見を解消しようとする動きです。ただし、ミックスルーツの人々は各々にルーツがあり、経験は一様ではありません。共通する経験もあれば、共通しない経験もあるため、個々で距離の取り方を持った緩やかなコミュニティを形成していきました。

境界線を引くことで生きづらくさせる

　現在もメディアに登場する「ハーフ顔」や「外国人風」などの表現は、「ハーフ」のステレオタイプを強化し、同時に当事者であるミックスルーツの人々を生きづらくしています。知り合った相手の外見や名前、会話のなかでルーツが気になることもあるかもしれません。しかし、繰り返しますがルーツはアイデンティティに関わることであり、どう呼ばれたいか、呼ばれたくないかは、当人が決める権利です。あなたは他人に無意識な自他の境界線を引いていませんか。（樋浦）

第1章　身近なこと編

Q9
日本は人種差別を禁止しないの？

　第1章をここまで順番に読み進めていただければ、日本にいるわたしたちもレイシズムに無関係ではいないことを理解できたかと思います。ところで、日本は人種差別を禁止していないのでしょうか？ 答えを先に言うと、日本には人種差別を禁止する法律がありません。日本は現在、人種差別撤廃条約に加入しています。しかし、条約が定める差別撤廃への義務を果たしておらず、国連の人種差別撤廃員会からは何度も勧告が出されています。このQでは、日本の人種差別を取りまく法律の問題について考えていきます。

人種差別撤廃条約と日本の対応

　日本が1995年に加入した人種差別撤廃条約は、そこからさかのぼること30年前、1965年に国連で採択されました（Q16参照）。南アフリカのアパルトヘイト政策やヨーロッパでのネオナチの登場を受けて、レイシズムのない国際社会を作ることを目的として制定されました。法律の対象は人種差別にとどまらず、人種隔離、カースト、出身地による差別などにおよびます（詳しくはQ16参照）。第2条では、締約国に「あらゆる形態の人種差別を撤廃する政策及びあらゆる人種間の理解を促進する政策」を実施することを要求しています。つまり日本には人種差別を撤廃する法整備を行う義務があるのです。

　しかし、日本の人種差別への関心は低いままでした。そもそも、この条約の加入に30年もかかっています。ちなみに、「加入」とは、条約の内容に賛成する場合に行う「署名」も、国会での十分な議論の末に加盟する「批准」もしていない状態です。さらに、加盟国に人種差別を法律で罰することを求めた第4条の(a)(b)は、「表現の自由」を理由として留保しています。

　国際条約に加盟するときには、その国際条約に合うように国内の法律も再整備することが一般的です。人種差別撤廃条約に加盟し、その2年後に北海

42

道旧土人保護法が廃止されてアイヌ文化振興法が制定されたことは、学校で習った人もいるかもしれません。しかし、外国人や「在日」の人々への差別に対しては手をつけませんでした。国連は何度も日本の取り組みの不十分な点を指摘していますが、日本は対応に消極的です。その理由は、①日本では人種差別的思想・煽動が法律で禁止するほどひどくないから、②今ある法律で対応できるから、③社会が自発的に改善することが望ましいからというものです。この主張は本当に正しいのでしょうか？

　まず①ですが、ここまで本書を読めば、外国人差別や部落差別など、日本にさまざまな人種差別があることは理解できたと思います。ここでは切り口を変えて、在日コリアンに対するヘイトスピーチを取り上げたいと思います。ヘイトスピーチとは、特定の国の出身であることや「人種」を理由にされる、その人の価値を貶めたり危害を加えようとしたりする差別的な言動です。日本では、朝鮮半島出身者や、その子孫に対するヘイトスピーチが繰り返されてきました。

　代表的な事件として、2009年の京都朝鮮第1初等学校での街宣活動では、11人の右翼団体関係者が大音量マイクで「犯罪朝鮮人」や「朝鮮部落」やさらにひどい暴言を1時間にわたって罵り続け、校内の子どもたちは泣きじゃくりパニックになったと言います。ヘイトスピーチに対抗することが執拗な個人攻撃につながることもあります。このように、民族アイデンティティや人間の尊厳を踏みにじられることで、PTSDや自殺に追い込まれる人も少なくありません。在日コリアンの自殺率はそうでない日本人の2～3倍ともいわれています。こうした現状を前にして本当に、人種差別は法律で禁止するほどひどい状況ではないと言えるでしょうか。

　次に、②について検討しましょう。繰り返しますが、現状、日本には人種差別それ自体を取り締まる法律はありません。たしかに、憲法14条は法のもとの平等を定めていますし、差別が暴力や不利益を及ぼした場合は刑法や民法によって裁くことができます。しかしこの場合、不特定の対象に対するヘイトを裁くことはできません。例えば「○○人は帰れ」というヘイトスピーチは、対象が不特定なので罰することができないのです。

　過去の裁判では、人種差別撤廃条約の規定を参照して判決が下されてきま

した。1999年、北海道の小樽で、日本国籍を持つアメリカ出身男性が「外国人であること」を理由として浴場の利用を拒否されました。男性は小樽市と浴場を相手取って訴訟を起こしました。2002年、札幌地裁は、憲法14条と人種差別撤廃条約を適用して損害賠償支払いを命じました。この裁判は、国内に人種差別が存在することを明らかにした点、そして、人種差別が裁判によって裁かれた点で画期的でした。しかし、その裁判では人種差別を禁止する国内法がないために国際法を援用しなければいけなかったのです。

　日本政府は国際条約を裁判で用いることには消極的です。つまり、撤廃条約の趣旨に沿った判決が出るかは裁判によって変わりかねないという、不確実な状況にあると言えます。

　2016年には転機となる出来事がありました。ヘイトスピーチ解消法の制定です。この法律は、在日コリアンに対する罵声や誹謗中傷がインターネットや集会で繰り返されたことをきっかけとして整備されました。日本が、国籍や人種、民族を理由とする差別的な言動を許さないという立場をあらためて明確にし、啓発を促進するための法律です。しかし、この法律はあくまでも啓発のためのもので、違反者に罰則を科すものではありません。さらに、差別の対象を「適法に日本に在留する者」としており、入国管理施設に収容されている「不法」滞在者や国外にいる人への差別にも無力です。

　では、日本はなにと向き合い、どのような法律をつくっていく必要があるのでしょうか。先ほど少し言及した国連の勧告には、日本が取り組むべき人種差別が列挙されています。その差別とは、アイヌ民族、部落民への差別、琉球／沖縄の人々、在日コリアン、イスラム教徒、女性、日本軍「慰安婦」、技能実習生、「外国人」（のような見た目の人）、難民など多岐にわたります。法整備の面では、差別禁止法がないことや、ヘイトスピーチ解消法の限界などが具体的に指摘されています。所見は全部で49項目にのぼり、ここではそのすべては到底書ききれません。インターネットで自由に閲覧できるので、ぜひ「人種差別撤廃条約　総括所見」と検索してみてください。日本でもさまざまな差別が残っていることがおわかりいただけると思います。

人種差別を禁止する包括的な法整備に向けて

　繰り返しになりますが、日本には、人種差別を規制する国内法は存在しません。しかし、日本には決して無視できない差別の実態があります。刑法や民法に違反するケースについて、人種差別撤廃条約や憲法を参照して裁判が行われてきましたが、これでは、不特定多数へのヘイトを罰することはできませんし、裁判所によるケースバイケースの対応になってしまい、人種差別が適切に裁かれるかどうかは不確実です。2016年に制定されたヘイトスピーチ解消法は、在日朝鮮人や外国人に対するヘイトに対する啓発を促進するものでしたが、これも十分とは言えません。

　アイヌ民族・被差別部落出身者・沖縄などの国内のマイノリティ、在日コリアンや技能実習生、「外国人」などに対する差別的な扱いは、すべて「人種差別」に該当すると認識すること、そして、差別の終了に向けて罰則を含む法整備を進めること。これが今の日本に対して求められているのです。

（大野）

コラム 1

"美白"はレイシズムって本当？

　突然ですが、みなさんは「美女」と言われてどんな容姿の人を思い浮かべますか？　それぞれ違ったタイプの「美女」をイメージすると思います。自分の好みの海外モデルかもしれないし、好きな日本人の女優さんという人もいるでしょう。しかし、日本社会にはある程度、女性の美に関して普遍的な基準があるように思います。例えば、証明写真機やプリクラ機の外に大きく掲げられている女性の顔は、現在の美の基準そのものかもしれませんね。人は写りの良い写真を求めて補正・加工をすることがありますが、プリクラ機はもちろん、今では多くの証明写真機に加工モードが装備されています。その加工モードに多く含まれているのが「美白」機能です。「美黒」でも「美茶」でもなく、なぜ肌は「白」が美しいとされているのでしょうか？　また、実は「白は美しい」（⇔黒は醜い）という考え方はレイシズムにつながってしまう危険性があるのはなぜでしょう？

　驚くことに、日本の白肌信仰は1000年以上も前にさかのぼります。平安時代の絵巻物に出てくる女性や男性は、みな真っ白な肌で描かれていますね。昔は白い肌は屋外労働をしなくてもよい特権層の証として憧れの対象だったのです。

　しかし、今の白肌信仰は少し違います。証明写真機をもう一度イメージしてみると、モデルの女性はヨーロッパ系白人であることが多いと思いませんか？　街中を見渡してみると、同じような女性がモデルになっている広告をたくさん見つけることができるでしょう。明治時代になって西洋の文化と触れるようになってくると、だんだん西洋人＝白肌＝美しいというような価値観も生まれてきたと考えられます。

　では、他の国ではどのような価値観が根付いているのでしょうか？　実は、黒人奴隷制に由来する人種差別がずっと問題になっているアメリカだけでなく、アジア諸国でも肌の色を理由とした差別は存在します。

精神科医・哲学者であるフランツ・ファノンは、欧米の植民地となった
アフリカやアジアの国々では肌の色の違いが精神的な支配関係をつくり出
してきたと主張しました。イギリスの植民地であったインドでは、カース
ト制度に肌の色も密接にかかわっており、肌色が明るい人は権力者である
白人入植者や豊かなカースト上位と結びつけられます。その結果、白肌信
仰が強く、一方肌色が暗い人への差別や偏見が根深いと言われています。

　では、このような白肌信仰にはどのような問題があるのでしょうか?
インドでは、肌の色が明るい女性の方がそうではない女性よりも就業機会
が多いと言われています。これは明らかな社会的・構造的な差別であり、
レイシズムと近いものがありますね。

　日本では、2019年に日清食品が出したカップヌードルのアニメ広告が
大きな批判を浴びました。モデルである大坂なおみ選手の肌が実際よりも
かなり白く描かれていたからです。これは非白人を白人のように描く「ホ
ワイトウォッシュ」に近く、一方的な美の基準によって彼女の自然な肌の
色を否定しようとする意図を感じざるをえません。

　最近ではこのような白肌信仰に対する問題意識が高まり、さまざまな動
きがでてきています。中東やアジア地域で美白商品を販売している企業が、
商品名からFair（色白）、White、Lightという言葉をなくしたり、美白商品
そのものの販売を取りやめるところもでてきました。日本でも花王が、今
後は「美白」表現を撤廃していくと発表しました。これからの社会では、
「どんな色の肌も美しい」という価値観を浸透させていくことが求められ
ています。

　すでに変化は起きつつあります。子どもたちが使うクレヨンや絵の具、
色鉛筆の世界では、業界団体が集まって日本人の肌の色をもとにした「肌
色」という色名の使用を2000年代初頭に取りやめ、新しい「うすだいだ
い」などの色名に変更しました。また、アメリカのあるクレヨンメーカー
は、「24色の肌色クレヨン」を発売して、自分の肌の色がきっと見つかる
と謳って、これまでのつくられた「当たり前」や美の基準を変えようと試
みているのです。（古木）

47

コラム 2

日本は単一民族国家ってなぜ言われてきたの？

　日本では21世紀になってもなお、政治家から「日本は単一民族国家」といった発言が飛び出し、物議をかもしています。2020年1月には副総理から「2000年にわたり、ひとつの国で、ひとつの民族、ひとつの王朝が続く国は日本だけ」という発言があり問題視されました。さまざまなルーツを持つ人たちがともに暮らし、多様化が進む現代の日本社会の実態があるにもかかわらず、このような単一民族国家論はいったいなぜ今も主張され続けているのでしょうか？

　実は、日本が単一民族国家であるという見方や言説は戦後の高度成長期になって急速に広まった考えで、それまでの戦前・戦中の時代ではむしろ多民族で混合した民族から成り立っているという見方が有力でした。

　そもそも日本人としての国民意識が形成され、人類学者を中心にさまざまな日本人の起源をめぐる論争が活発になり、日本列島に住む人々をひとつの「民族」と考えるようになったのも、明治20年代（1880〜90年代）ぐらいと言われています。明治政府はすでに南方の琉球王国や北方のアイヌ民族が多く住む蝦夷地を編入していました。「民族」という言葉もその頃の造語です（Q2参照）。この「民族」意識は鎖国下の日本には存在せず、欧米によるアジア植民地化の脅威に対抗するためにつくられた考えでした。

　その後、近代日本は対外的な戦争や植民地政策を進めるなかで、植民地化した朝鮮や台湾の人々を帝国日本の「臣民」として位置づけるようになります。こうして植民地を獲得し「多民族帝国」となった日本で、混合民族論が主流となりました。大隈重信らにより唱えられた「日鮮同祖論」は混合民族論の典型で、そこでは「日本人と朝鮮人の先祖は同じ」とされ、その後の皇民化政策の正当化に使われました。

　しかし、第二次世界大戦に敗戦すると、混合民族論は一気に力を失い、単

一民族国家論へと傾き始めます。日本の植民地支配から朝鮮人や台湾人が解放され独立したことにより、かれらを包摂した混合民族論を構想する必要がなくなったのです。戦後のアジア・アフリカにおける植民地独立運動で、「一民族一国家」の民族自決の理想が普及したこともそれを後押ししました。

　1970年代以降になると、高度経済成長期を迎え発展する日本では、「単一民族国家を理由にここまで発展することができた」とする「島国観」に基づくステレオタイプが国外でも受容されたことにより、単一民族国家論が国内外で広く普及しました。テレビの普及により国内での言語や文化の均質化が進み、高度成長期になって貧富の格差が以前ほど目立たなくなったことも一因とされています。

　こうして現在に至るまで広く受容され支持されてきた単一民族国家論ですが、この考えは日本国家や日本人の「優位性」を強調する際に用いられてきました。冒頭に述べたように、これに当てはまらない民族的マイノリティ（アイヌ民族や琉球の人々、在日コリアンや国外にルーツを持つ人々など）の否定や排除を伴っている考えであり、レイシズムに容易に結びつく思考であるといえます。「日本に人種差別はない」という誤った言説の根拠となる国家観でもあります。

　日本のレイシズムの問題について考える際に、この単一民族国家という考えをあらためて問い直していくことが大切です。冒頭の副総理の発言はラグビーのワールドカップでの日本代表の活躍に寄せたものだったわけですが、海外にルーツを持つ選手と日本人選手が互いの長所を引き出しながら「ワンチーム」として融合したラグビー日本代表のような多様性、包摂性こそが日本社会には求められているのではないでしょうか。（五十嵐）

第2章
そもそも編

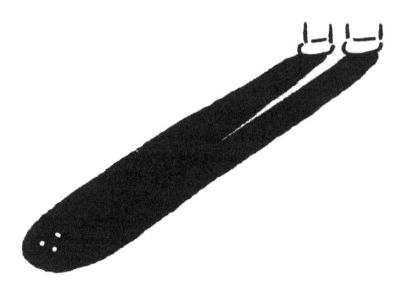

そもそもレイシズムってどういう意味なのだろう？　人種や偏見ってどういう成り立ちなのだろう？　第2章ではレイシズムや人種にまつわる素朴な疑問について一緒に考えていきましょう。

第2章　そもそも編

Q10
レイシズムはそもそもどんな考えなんだろう？

　レイシズムとは、どんな考えなのでしょうか。レイシズムの概念は、さまざまな差別を理解するために重要なものです。レイシズムは、「人種」を意味するraceと「〜主義」を意味するismから成る言葉で、「人種、民族、出自（世系）などに基づいた差別や偏見」や「あるグループが生来違う性質を持っているという信念」と定義できます。つまり、人種、民族、出自に基づいた、生来的に、そして永遠に変えることのできない優劣があると信じることです。しかし、この優劣があるとされる「人種」に、生物学的な根拠はありません。社会によってつくられた概念にすぎないのです。

　また、レイシズムの行為者は個人だけではありません。長い年月をかけて歴史的に形成された制度や社会そのものが、差別的な効果をもたらすこともあります。人種、民族、出自に基づいた、生来的に、そして永遠に変えることのできない優劣があるという前提に立ってつくられた制度や社会は、「標準」「正常」とされたマジョリティ（語義としては多数派、ここでは社会内で権力を持つ側）を優遇し、「例外」「異常」としてレッテル張りされたマイノリティ（語義としては少数派、ここでは社会内で権力が少ない側）を冷遇するものです。このような基盤によってつくられた社会を放置すれば、ジェノサイドや戦争につながるような危険性もあるのです。

人種ってなんだろう？

　レイシズムは、よく日本では人種主義、人種差別と訳出されます。しかし、本書ではこの用語ではなく、「レイシズム」を用います。それは、raceが同じ出自（世系）を持つ人・集団／同じ祖先を持つ人・集団などの広い意味を持つからです。レイシズムは「人種」による差別だけでなく、民族や、先祖から子孫へと受け継がれる血統や系統を意味する出自（世系）に基づく差別も含むのです。

52

ではそもそも、「人種」とはなんでしょう。中学高校の地理や世界史の授業で、世界には「コーカソイド」「モンゴロイド」「ネグロイド」の3大人種があると習った人もいるのではないでしょうか。人種とは、肌の色、顔の形、身長、骨格など、眼に見える生物学的な外観と出身地域によって定められ、このような区分は先天的で不変なもので、客観的に定めることができるものと考える人が多いと思います。しかし、現在ではこのような人種区分に生物学的な実体はないとされ、UNESCOでも人種の生物学的根拠は明確に否定されています。1978年「人種及び人種差別に関する宣言」第一条では「すべての人間はひとつの種族であり、同じ先祖から下っている」そして「違う人々の間の功績の差はすべて地理的、歴史的、政治的、経済的、社会的そして文化的な要因に根拠づけられ、どんな序列化への口実になりえない」と宣言しています。これはどういうことでしょうか。

現在の科学技術では、複数の人々の間のDNAのばらつきを測ることができるようになっていますが、80億人の人々のなかから無作為に選ばれた2人のDNAは、99.5%同じであることがわかっています。また、ある地理的ヒト集団内の遺伝的多様性は、ふたつの地理的ヒト集団間と比べて大きいことがわかっています。遺伝的多様性とは、アジア人内でもさまざまな肌の色や顔の形があるように、ある集団内での遺伝子レベルでのばらつきを意味します。要するに、ヒトの間の遺伝的多様性は主にそのヒト集団内に存在し、人種グループの間、例えばアジア人とアフリカ人間で見られるものではないということです。

生物学的な「人種」の根拠が存在しないということは、「人種」とは社会のなかでつくられた、想像上の区分であることを意味します。ではなぜ「人種」という人工的な区分がつくり出されたのでしょうか。それは、白人を頂点とした人種間の優劣を示し、そして非白人への暴力と支配を正当化するためです。どうしたら世界中の人々を都合よく人種に区分できるか、欧米の思想家や学者が試行錯誤をし、科学的に裏付けようとした歴史があることが、それを証明しています。

16世紀の大交易時代（大航海時代）以降、ヨーロッパから南北アメリカ大陸やアジア・アフリカへの探検によって、さまざまなものや情報を持ち帰る

第 2 章　そもそも編

人が増え、それらを分類しようとする動きが出始めます。この分類に人間も含まれたのです。分類の仕方はそれぞれあり、ひとつの分類法がそのまま受容されたわけではありませんでした。フランスの博物学者ジョルジュ・キュヴィエが説いた「コーカソイド」「モンゴロイド」「ネグロイド」の3分類だけでなく、これにインディオを付け足すもの、これにさらにマレー人を加えて5分類にするもの（ブルーメンバッハ）などがありました。なかでも人種分類の最初の試みのひとつとして知られるスウェーデンの博物学者カール・リンネは『自然の体系』で人種を特徴づけて、アメリカ人（インディオ）—短気で戦闘的、ヨーロッパ人—知能が高く創造性がある、アジア人—鬱的で強欲、アフリカ人—無気力で怠惰、と形容しました。このような分類は、ヨーロッパ中心主義的な考え方で、人種に優劣をつける行為とは不可分な関係にありました。

　18世紀の啓蒙思想家が人類の起源について議論を交わしていた事柄のなかに、単一起源論／多起源論があります。人類は共通の祖先集団から下っているのか、それとも複数の祖先集団から下っているのかという問題です。今ではすべての人間がアフリカ大陸に共通の先祖を持っているというアフリカ起源説が定説となっていますが、当時は聖書の創世記を元に、神がつくったアダムとイブという最初の人間を全人類が祖先に持っているとする単一起源論と、それぞれの人種が別々の集団を祖先に持っているとする多起源論が議論されていたのです。この後者の説は、18世紀末以降に奴隷制廃止の議論が高まるなかで、奴隷制擁護派の人々が主に利用しました。黒人が白人とは異なる祖先を持つ別の生物であるとすれば、隷属的な下等な種として扱うことを正当化できるからです。

　このような分類の試みは、19世紀に入り、「科学」によって裏付けされるようになります。例えば骨相学（頭蓋測定学）という学問分野では、頭蓋骨の大きさとその人間の能力や性格を関連付けようとしました。その試みとして有名なものにアメリカの自然学者サミュエル・モートンのものがあります。彼は、250人余りの白人、アメリカ先住民、モンゴリアン、マレー人とエチオピア人の頭蓋骨の長さや顔面角と、内部の容積を測り、人種別に分類しました。その結果、容積の順位は白人、モンゴリアン、マレー人、インディア

54

ン、エチオピア人となりました。よって白人は最も高い知能を持ち、エチオピア人はお気楽で柔軟、怠惰であり、人間として最も下等な部類であると結論づけられました。このような数値化によって、人種差別をもっともらしく裏付ける試み、これによって、人種は生まれながらにして不変であること、人種によって知能や性質は先天的に定められていることが科学的な事実として一般に浸透していったのです。

　下の図は白人はギリシャ彫刻のような西洋古典の彫像の頭蓋骨をしている一方で、黒人の頭蓋骨をチンパンジーと似た形であると示すことで、黒人を卑しめ白人を持ち上げようとしています。この図が収録された著作の筆者のノットとグリッドンはモートンの考え方に大きな影響を受けています。

レイシズムの危険性

　このように、歴史的につくられるのは「人種」だけではありません。それは、民族や出自（世系）に基づく集団でも同じことです。この人種、民族などに基づいて人々を分類する歴史には、必然的に序列化が伴います。「科学」によって正当化されたこの序列に基づいて、植民地政策や奴隷制など、暴力によって人々を支配し、虐殺する歴史は20世紀以降も展開します。この差別構造の構築こそが、レイシズムが持つ危険性であり、日本の植民地政策もこれと無縁とはいえません。だからこそ、現代の日本に住むわたしたちも、レイシズムの歴史を学び、日常のなかにひそむレイシズムに注意する必要があるのです。（鈴木）

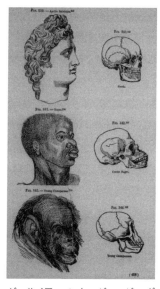

ジョサイア・ノット、ジョージ・グリッドン『人間の型』（1885年）

第2章　そもそも編

Q11
いつレイシズムが生まれたの？

　みなさん、レイシズムはいつ生まれたものか知っていますか。このQではレイシズムがどのようにして生まれ、浸透していったのかについて探っていきます。

　いやいや、肌の色による区別はきっと人類の歴史が始まったときからあるのだろうから、レイシズムは人類誕生の時代にまでさかのぼれるのではないか、そう考える人もいるでしょう。レイシズムの起源をそのように考える学説がないわけではありません。しかし、オックスフォード英語辞典によればそもそも「人種（race）」という言葉が英語圏で使われ始めるのは、16世紀になってからなのです。ヨーロッパの人々が、自分たちの肌の色とは異なる人々と出会い、ヨーロッパの植民地とする歴史が始まったのは、大交易時代（大航海時代）がきっかけでした。かれらは自分たちとは異なる他者として見た目の違う人々のことを記録し、海外の事物の情報を収集するようになります。

　それをもとに、ヨーロッパの人々が世界中の異なる「人種」を本格的に分類する作業が始まり、分類した人間に優劣がつけられていきました。それがリンネら（Q11参照）が活躍した18世紀のことであり、ここに人種分類によって優劣がつけられたレイシズムの淵源をみることができます。

　しかし、18世紀は「啓蒙の時代」と呼ばれ、ヨーロッパでは法の前では人間は平等であると唱えられ、それまでの身分制社会とは異なり、個人の自由が前提となる近代社会が出現した時代でもありました。ですが、ここで大事なのは、その普遍的な装いをしている啓蒙思想はもとからすべての人間を対象としたものではなかったということです。18世紀は黒人奴隷貿易・奴隷制プランテーションの最盛期でもあり、ロックら啓蒙思想家たちも奴隷制に疑問を抱かず、黒人を基本的人権が保障される「人間」には含めていなかったのです。さらに、19世紀にダーウィンの進化論が登場しそれまでの聖書に基づく天地創造の物語が否定されると、人々の間に人種間の優劣がま

すます浸透していきました。この進化論が人間にも当てはめられ進化が進んでいるグループと、遅れているグループがあると考えられたのです。

ここまで簡単にレイシズムが生まれた過程について説明しました。ここからそれぞれの時代をより詳しくみていきましょう。

レイシズムが生まれ、普及した歴史

レイシズムがどのようにして生まれたのか、時代を区分してみていきましょう。まず、15世紀末以降にヨーロッパの人々が自分たちとは見た目の違う人々と出会い、18世紀になって、レイシズムのもととなる「人間を分類する」という行為がどのようにして生まれたのか。また、それがその人間分類／人種分類が19世紀以降にレイシズムとして発展した理由を社会変化とダーウィンの進化論のふたつの観点から説明したいと思います。

15世紀末になると、ヨーロッパは大交易時代（大航海時代）となり、ポルトガルやスペインが先頭になって積極的に世界進出をしました。莫大な富を求めてアジアやアフリカ、南北アメリカ大陸に上陸したかれらは、見たことのない動植物、そして人間に驚き、それらを記録し分類し始めました。

万物に対する「分類」を本格化させたのは18世紀以降になります。分類という行為は、支配者の営みです。ヨーロッパ人の価値基準で、知らない動物や植物は新発見の「新種」として百科事典に集録され、先住民の土地は「新発見」され、持ち主のいない土地としてかれらの入植地となっていきました。その学知が科学として植民地支配のために使われていったのです。こうしたデータの蓄積・分類では、観察者の視覚が重視されました。人間の観察・分類においても、肌の色や顔の形、髪の毛などの見た目が重視されました。

こうして人種分類が定着していったのですが、注意しなければいけないのは、分類の初期の段階では人種間に優劣をつけようという意思がはっきりとは見えないことです。植物の分類で優劣をつけないのと同じです。ではなぜ分類作業の過程で優劣が顕著になっていったのでしょうか。

ヨーロッパ社会の歴史では、18世紀末以降は人々の自由や平等、基本的

な権利（自然権）などを基礎とする近代市民社会がつくられた時代です。アメリカの「独立宣言」やフランスの「人権宣言」が有名ですね。しかし、市民社会で重視する自由や平等と矛盾してしまうのがヨーロッパによる奴隷制や、19世以降の植民地主義です。自国では普遍的な人権が謳われる一方で、植民地では有色人種の自由や権利を奪い、不平等な環境を強いていたのです。奴隷制廃止を同時に達成できればよかったのですが、奴隷制はヨーロッパ経済にとって不可欠なものであり、手放すことができません。富を蓄積する構造、資本主義の欲望がレイシズムを維持・強化していったのです。そこで、ヨーロッパの人々と他の大陸の「奴隷化された人々」が違う存在であること、不平等を正当化するために人種が使われるのです。つまり、ヨーロッパ社会の間で、「他の大陸の人々は劣った存在であるから、自由や平等を与えなくともよい」という認識が広まっていったのです。

　この時点で人種の優劣が普及していきますが、ダーウィンの進化論によってさらにレイシズムが定着していきます。

　ご存じのとおり、ダーウィンはあらゆる生物が自然淘汰と生存競争により進化したとする進化論の提唱者です。それまで、ヨーロッパのキリスト教世界では、聖書に基づく天地創造の物語や「存在の連鎖」と呼ばれる下等な生き物から高等な生き物へというつながりが意識されており、それは単一起源説を下支えしていました。一方で、進化論が創造主たる神を否定し、人間は神の被造物ではないとダーウィンが主張しても、奴隷制擁護派が用いた多起源説が存在し続けました。

　動植物について説いた学説をダーウィンが人間に当てはめたのが『人間の由来』（1871年）で、そこでは人間の優劣、「文明人」と「野蛮人」の対比が描かれています。ですが、進化論を用いて人間社会をより説得的に論じたのは、社会進化論を唱えたハーバート・スペンサーでした。社会進化論の提唱者たちによれば、異なる種が出会ったときに起こる生存競争、つまり生き抜くための競争は人間にも当てはまるものであり、強者である白人は、弱者である黒人を虐殺するか奴隷化する権利を持っていることになります。当時はこの弱肉強食の論理が広く受容されていました。というのも、社会進化論が人種という概念を実際の社会や歴史に当てはめやすくしたため、理論でし

かなかった人種を人々が理解しやすくなったからです。当時は、ヨーロッパ諸国によるアフリカ分割が激化し始めた頃で、社会進化論によって「強者である白人が、弱者である黒人を殺し、支配する」ことに納得し、植民地統治のためのレイシズムを受け入れていったのです。

レイシズムは現代にどうつながっているのか

このQでは主にいつどうやってレイシズムが生まれたのかについて書いてきました。最後に、過去に生まれたレイシズムがどのように現代につながっているのかについて紹介しようと思います。

18世紀に生まれたレイシズムは、現代にまで根深くその影響をもたらしています。例えば、世界的にはコロナ禍で顕在化したアジア人へのヘイトや、移民・難民への差別などがレイシズムに起因しています。今日の日本でも、入管施設における暴力や技能実習生の劣悪な労働環境などがニュースで報じられています。アメリカでは根深い黒人差別があり、それが近年のBLM運動につながっているなどレイシズムに起因する社会問題が現在まで続いています。

レイシズムという考え方は過去につくられたものではありますが、現代までその考え方は強く残っています。今ある学説や思想を当然のものだと受け入れず、なぜそのような考え方が生まれ、発展してきたのかという歴史を知ると現在のいま・ここにある問題についての理解も深まると思います。（土屋）

第2章 そもそも編

Q12
レイシズムと優生思想って関係あるの？

　このQでは、現在まで根強く残るレイシズムの特徴についてさらに理解を深めるために、レイシズムと優生思想とのかかわりについて考えてみましょう。優生学とは、進化論を提唱したダーウィンの従兄弟であるフランシス・ゴルトンが1883年につくり出した言葉で、ギリシャ語で「よい種」を意味します。人類の遺伝的改良を目的としてイギリスで誕生した優生学は、当時発展した社会進化論や遺伝学に影響されつつ、アメリカでの優生学運動の展開をへて、ナチスのホロコーストを生み出す結果になりました。

　「よい種」と「悪い種」を選別し、命を序列化する優生思想を象徴する言葉に、「生きるに値しない命」というものがあります。アメリカでは、そのような「不適者」とされた人々が次の世代に子孫を残さないように断種（精管や卵管の切除などにより生殖能力を失わせること）を認める法律が、世界で最初に制定されました（1907年インディアナ州）。これにより1960年代までの約60年間、「不適者」の子孫が生まれないように、様々な理由をつけて断種手術や、結婚の禁止を強いられてきました。

　また、ナチ政権が誕生したドイツでは、断種法の制定に続き、1939年にいわゆるT4作戦の命令書が出され、「生きるに値しない命」として障がい者の安楽死計画が進められ、約20万人が殺害されました。そしてこの優生思想がアーリア人至上主義と結びつき、劣等な人種とされた「ユダヤ人」への大量虐殺、いわゆるホロコーストが起き、約600万人の命が奪われました。また、ユダヤ人以外にも障がいのある人々、同性愛者、共産主義者らも同様に虐殺されました。こうして、レイシズムと優生思想が結びつき、行き着いた結果として、ある人種や民族の絶滅を目的とした大量虐殺が引き起こされたのです。戦後になって、こうした人種・民族など特定の集団を計画的に絶滅させる行為は「ジェノサイド」と名づけられました。1948年に署名されたジェノサイド条約には、現在、152の国が締約国となっています。

60

優生学運動の歩み――積極的優生学と禁絶的優生学

優生思想に基づく政策は第二次世界大戦中のナチ・ドイツの印象が強いですが、19世紀末に優生学がイギリスで産声をあげた後、優生思想は20世紀初頭にはアメリカや北欧の福祉国家で名高いスウェーデンやフィンランド、そして日本を含むアジアにもたちまち波及しました。各々の国での優生思想の受容や実践の仕方には特色があり、優生学運動の幅の広さを知ることが大切です。

優生学には大きく、ふたつの区分があります。ひとつは積極的優生学（positive eugenics）で、優れた形質を持つ人間を増やすことを目的に、「適者」の早婚や多産を奨励したり、健康増進のために健康優良児コンテストの開催、体育の必修化など、その取り組みは多様です。もう一方の禁絶的優生学（negative eugenics）は、「不適者」が子孫を残すことを防止するために強制断種手術を実施、施設への隔離、産児調節、安楽死（慈悲死）などの実践を行うものです。

イギリスでは、「適者」の繁殖が奨励され、積極的優生学が推進されたのに対して、アメリカでは積極的・禁絶的双方のさまざまな優生学運動が展開し、その運動史はイギリスとホロコーストを生んだナチ・ドイツというふたつの歴史上の点をつなぐ「優生学運動の実験室」としていま注目を集めています。

アメリカで優生学運動が隆盛となった理由はいくつかありますが、そのひとつは実践を重んじる実験国家であったこと（プラグマティズムの伝統）、そして、第二に農業大国であったこと、第三に移民国家として純潔な白人であることを核にして人種やセクシュアリティの管理の法体系が求められたこと、第四に移民排斥や白人至上主義の思想が優生思想と親和的であったことなどが背景にあるようです。

アメリカの優生学運動は、最初の断種法がインディアナで成立したように農村部から広がりました。牛馬羊などの品種改良をしていた経験が、「人種改良」「人間改良」を謳う優生思想に対しても抵抗感を抱くことなく、受け

第2章　そもそも編

入れられていきました。農村部では1920年代前後に盛んに健康優良児コンテストが牛馬の品評会とセットで開催され、そこで人々は優生学に触れていきました。

他方、アメリカの運動は移民制限とも連携しており、「北方人種」という白人の優越人種を作ることを目的に、厳格な移民制限を求め、IQテストで劣等な移民に「精神薄弱」のレッテルを貼って強制送還するか、強制断種する計画を立てていました。第二次世界大戦期までに断種法を制定した州は激増し、約6万人の人々が強制断種されました。犠牲となったのは、「白人の屑（くず）」と呼ばれる低所得者層、英語の話せない移民、てんかん患者、アルコール依存者、精神薄弱、性犯罪者、同性愛者などでした。

やがて、アメリカ優生学運動はドイツへも広がり、米財団が資金提供しつつ、ナチ優生学が展開していくことになりました。ナチ政権下での断種法はカリフォルニア州の断種法に酷似しており、両者の関係が緊密であったことがわかります。断種法の制定後、ドイツの優生学実践は驚異的なスピードで展開し始め、暴走し始めます。先述のT4作戦にかかわった医師の多くは、絶滅収容所に移ってユダヤ人大量虐殺にも関与していきます。歯止めのきかなくなったドイツの優生学的実践を、アメリカは止めることなく、むしろ科学者は大戦中まで支援を続けたのでした。

優生思想と日本社会

こうしてレイシズムと共振しながら、世界各地で優生政策が実践されてきた様をみてきました。そして、日本も例外ではなく、この世界的な優生思想の影響を大きく受けてきました。

日露戦争後には日本にも優生学が本格導入されて、関連団体が設立され、ナチ・ドイツの断種法を模倣した国民優生法が1940年に制定されます。この法律には強制力がなかったため大きな効力を発揮することはなかったのですが、戦前から厚生省を中心に「民族浄化」の思想への関心の高まりがあり、これらが癩（らい）予防法（1931年）の制定、そして戦後のらい予防法（1953年）へとつながっていきました。

また、戦後のGHQ占領下で制定された「優生上の見地から不良な子孫の出生を防止する」ことを目的としてつくられた優生保護法（1948年制定）により、ハンセン病患者や精神障害者らが強制断種の対象とされました。1996年に同法は母体保護法へと改正されましたが、それまでの期間に少なくとも1万6250件の強制断種手術が行われたことを忘れてはいけないと思います。ハンセン病患者への偏見や、障がい者の人権に鈍感であった日本社会の姿が浮かび上がります。

　ドイツのT4作戦を含め、障がい者への優生思想に基づく暴力を二度と繰り返さないために、国連では2006年12月に障害者権利条約が採択されました。障害分野における初の世界ルールが確立され、生産性が尺度にされる現代社会でいきづらさを感じている者にとっても、この権利条約の理念は共有されるべきものでしょう。

　しかし、2016年に起きた津久井やまゆり園で起きた殺害事件では、優生思想が未だ日本社会でも根強く残っていることを突きつけられました。

　わたしたちは優生思想やレイシズムによって人の命に優劣がつけられ、命を奪いかねないことに改めて向き合いながら、こうしたことが二度と起きないようにするために何が必要なのかを考え続けなければならないのではないでしょうか。（五十嵐）

第2章　そもそも編

Q13
ステレオタイプと偏見、差別ってなに？

　ステレオタイプとは、ある集団に属する人々を一般化し、特定の性質や資質を皆が持っているものとして考える固定概念や思い込みを指します。例えば「体育会出身者はリーダーシップがある」といった考えです。また偏見とは、ステレオタイプに「良い」「悪い」といったような評価基準や「好き」「嫌い」といった感情が含まれたものだと言われています。先ほどの例で言えば、「体育会出身者はリーダーシップがあり社会人として好ましい」などと表現できます。

　ではこのステレオタイプや偏見は、差別といったどのような関係にあるのでしょうか。一般的に差別とは、特定の集団やそこに所属する個人、もしくは特定の属性を持つ個人に対して、その所属や属性を理由に特別な扱いをすることです。通常は不利益をもたらす行為を指しますが、「体育会出身者はリーダーシップがあり好ましいので優先して採用する」行為も、ある種の差別と言えるでしょう。つまり特定の集団に対して偏ったイメージや特徴を押し付けてしまうステレオタイプや偏見は、差別を生み出し増長する危険性を持っているのです。また逆に言えば、ステレオタイプや偏見が行動や規則として強く表れたものとして、差別を理解することもできるのです。レイシズムを防ぐためには、ステレオタイプと偏見、差別の関連性を理解し、向き合う必要があることがわかります。

身の回りにひそむ偏見・ステレオタイプ

　偏見やステレオタイプは性別や人種、障がいなどあらゆる属性に対して存在しており、その多くは日常の中に溶け込んでしまっています。ここでは人種・民族を例に取り上げ、偏見やステレオタイプがどのように社会に存在し作用しているかを考えてみましょう。

　2018年4月、アメリカのペンシルベニア州内のスターバックスで黒人男

64

性2人が逮捕されました。理由はかれらが「仕事仲間を待っていると主張して注文をせずにテーブルで居座っていた」からです。店員はかれらを信用せずに営業妨害と不法侵入として警察に通報しており、（実際に仕事仲間がこの後来店したにもかかわらず）2人は手錠をかけられ逮捕されました。この一連の流れを捉えた映像は、同じことを白人がしても逮捕などされないという主張とともにツイッターに投稿され、アメリカ社会のレイシズムの露骨な例として注目を浴びました。これに対しスターバックスのケビン・ジョンソン最高経営責任者（当時）は被害にあった黒人男性たちに謝罪を表明しました。しかし、同時に警察への通報は過去の事案に基づくものであったが不適切であったと述べました。「過去の事案に基づく」という文言は「黒人（男性）は犯罪を起こしやすい」というアメリカ社会に蔓延する偏見を明らかに含んでいます。このように偏見は無意識のうちにも存在し、行動として表出してしまうのです。

　もちろん日本に住むわたしたちも、ステレオタイプや偏見と無縁ではありません。まずは実際に共有されている以下の3つの例を見てみましょう。

　　A　日本人は毎日着物を着てお寿司を食べている
　　B　アジア人は数学が得意
　　C　黒人はスポーツが得意

　これらのステレオタイプを見て、どのように感じましたか？　もしあなたが日本で暮らした経験があれば、AやBはまったくもって見当違いであると思うはずです。

　一方でCはどうでしょうか。実際に聞いたことがあったり、信じてしまっていたりしませんか。実はこの言説はすでに科学的に誤りであると証明されており、単なるステレオタイプにすぎません。それにもかかわらず未だに多くの人に共有されているのはなぜなのでしょうか。どのようにこの認知は生まれ、そして広がったのでしょうか。

　「黒人はスポーツが得意」という考え方は、比較的最近のものです。白人がすべてにおいて優れた人種であると広く信じられていた時代は長く、当然

スポーツも例外ではなかったのです。しかし1920～30年代に教育制度のなかで黒人がスポーツを行う機会を獲得すると、黒人の活躍の場としてスポーツが開かれていきました。またスポーツ以外の場における黒人の職業選択が限定的であり他の分野で黒人が活躍しにくかったため、相対的に黒人とスポーツが結びつけられやすくなっていきました。

　黒人が少しずつスポーツ界に増えていくと、当然白人が黒人に負けるという状況が生じます。そこで白人たちの間では、「黒人は生まれつき体力的に優れている」という解釈を用いてこの現象を説明するようになります。単純な体力で勝負できる短距離走では黒人が強いが、知力や戦略が必要になる中距離などの種目では白人が強いなどという、ある意味での白人優越思想を持ち出したのです。もちろん考えには諸説あり、黒人の身体的優越を持ち出すことで人種統合を目指す動きもあれば、生まれつきではなく奴隷制などの過酷な環境により淘汰された結果という形で黒人の身体の優越性を説明する動きもありました。しかしこれらに共通するのは、黒人の後天的な努力を認めずその先天的な身体的特徴に活躍の起源を求めたという点でしょう。このような考え方は科学者やメディアを通じて広く一般に広がりました。また黒人がこの価値観を内面化し、スポーツに打ち込むという循環も生じました。

　ここからわかるように、「黒人が運動に適している」というステレオタイプは社会的な文脈で形作られたものだったのです。なかには黒人選手の方が実際に白人選手よりもスポーツ界においてより多く活躍しているイメージを持っている人も多いかもしれません。しかし、その割合も時代により大きな変動があり、競技によっても大きなムラがあります。例えば高価な道具を揃える必要の無い陸上は黒人選手が多い傾向にありますが、競技上の人種分離が行われてきたフィギュアスケートや水泳などでは黒人選手が少なくなっています。身体的特徴よりもそのスポーツとそれぞれのコミュニティの歴史的な結びつきや文化の影響が大きいのです。

ステレオタイプや偏見と向き合う

　人種や民族といった属性を理由に一般化したイメージは、正しくないばか

りか社会的・歴史的に形作られているということがわかりました。そのためステレオタイプや偏見を個人的な傾向として処理することは非常に難しく、同時に危険です。わたしたちはこれらとどのように向き合う必要があるのでしょうか。

　まず一見ポジティブなステレオタイプや偏見であっても、差別につながりうるという認識は重要です。例えば「黒人はスポーツが得意」という発想は、裏を返せば「黒人なのに足が遅い」というような負の発想を生み、当てはまらない個人にマイクロアグレッションのような心理的な負荷をかけてしまうかもしれません。また生まれつき運動神経が良く屈強な人種というイメージを共有してしまうと、かれらはけがをしない・暴力に耐性があるなどといったイメージが先行し新たな偏見や差別が生み出されていく可能性もありますよね。

　加えて現在共有されてしまっている偏見が社会的・歴史的な文脈からつくり出されていることを鑑みると、それを肯定することで背景となっている社会情勢や社会構造を再生産してしまう可能性もあります。自分が持っている偏見などを自覚しその背景に考えをめぐらせることは非常に重要なのです。

　最後にアメリカの教科書で良く取り上げられる憎悪のピラミッドを見てみましょう。偏見やステレオタイプが、差別、暴力行為、そしてジェノサイドといったより悪質な問題につながりうることを示しています。社会に生きている限り、偏見は誰しもが持っています。多くの人が目に見られるジェノサイドや暴力・殺人、ヘイトクライムなどの他に、通常は目に見えにくく、不可視化されている偏見や制度的なレイシズムがあることを自覚し、自分や身の回りの人のステレオタイプや偏見を見直してみることも大切かもしれません。（河畑）

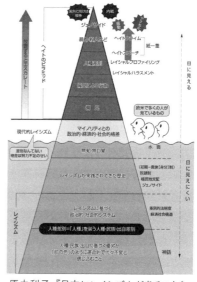

原由利子『日本にレイシズムがあることを知っていますか?』（2022年）合同出版、132頁の図をもとに作成。

第 2 章　そもそも編

Q14
レイシズムは奴隷貿易や奴隷制の歴史とどんな関係があるの？

　「奴隷制は人種差別から生まれたのではない。正確に言えば、人種差別が奴隷制に由来するものだった」。これは『資本主義と奴隷制』の著者エリック・ウィリアムズの言葉です。奴隷制は紀元前から世界各地で存在していたと言われていますが、古代ギリシア・ローマ時代において肌の色と奴隷の身分が関連付けられることはありませんでした。15世紀以降、スペインやポルトガルなどが大西洋経済を拡大し、南米やカリブ地域、そして北米の植民地で奴隷制を確立していくと、「主人（所有者）と奴隷」の関係として「白人と黒人」を明確化しようという動きが出てきます。

奴隷制が強化していった人種の言説

　そもそも「奴隷」とはなんでしょうか。時代や地域によって奴隷のあり方は異なるため、一概に定義はできませんが、『現代社会学事典』では「人間でありながら生得的権利と自由を徹底して否定され、身体・人格ともに奴隷主の所有物とされ、『物』のように扱われる人間」で「主人の支配下で強制的に働かされ、売買・相続・譲渡の対象とされる」と説明されています。最古とされる奴隷制の痕跡が見られるのは紀元前 3000 年のメソポタミアで、戦争の捕虜が奴隷にされていました。ほかにも借金、貧困、犯罪といった理由で、ギリシアやローマ帝国などでも奴隷にされた人々がいましたが、肌の色は奴隷身分に関係ありませんでした。7、8世紀からは、奴隷交易がヨーロッパ、アジア、アフリカにまたがって行われるようになります。

　その頃、アフリカはどのような状況だったのでしょうか。ニジェール川上流に位置したガーナ王国では11世紀になると、サハラ交易の要衝であった都市クンビ・サレーに塩や織物、金、奴隷が持ち込まれ、商業大国として繁栄しました。13世紀頃からこの地域を支配したマリ王国の全盛期の王、マ

68

ンサ・ムーサは大量の金と奴隷とともに豪勢なメッカ巡礼を行い、周辺地域に富裕さと権力を見せつけます。大西洋奴隷貿易が始まる前から、アフリカにも奴隷制は存在していましたが、のちのヨーロッパの国々の植民地のように、奴隷制を土台として社会が成り立っていたわけではありませんでした。

しかし、ヨーロッパの国々に「奴隷を売る」必要が出てくると、状況が変わります。1440年にポルトガルで奴隷の輸入が許可されると、アフリカから奴隷にされた人々が連れてこられるようになりました。奴隷制で利潤を生み出す大西洋経済の拡大の契機となったのは、1471年のポルトガルによるサントメ諸島への入植です。サントメ島は当初、交易の中継地でしたが、サトウキビ栽培が始まると、ポルトガルが買った奴隷が働かされるようになりました。これが大西洋地域のプランテーション制度の起点となったのです。

同じ頃、ポルトガルはブラジルにも入植し、砂糖生産を始めていました。当時の経済において砂糖は「キング」とたとえられるほど重要なものでした。ブラジルやカリブ海では先住民を奴隷化して働かせていたものの、伝染病や虐殺により人口が激減してしまいます。タバコや綿花のプランテーションも拡大するなかで、労働の契約期間がなく、大量に入手できる奴隷の需要はますます高まり、奴隷貿易は年々拡大していきました。

各国の植民地では、奴隷制を体系化して維持するための法整備が進められ

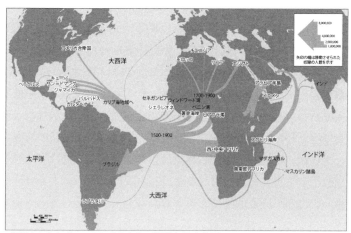

奴隷とされた人々のアフリカからの移動を示す地図。https://www.slavevoyages.org/blog/overview-slave-trade-out-africaをもとにより作成。

ていきます。1662年、イギリスのヴァージニア植民地の奴隷法では、女性
奴隷の子どもは奴隷だと定められました。これによって、母親が奴隷で父親
が所有者である「混血」の子どもの立場をめぐる問題を解決し、「所有者で
ある白人」と「奴隷である黒人」の境界を明確にしたのです。また、フラン
スでは1685年の「黒人法典」で奴隷制が体系化されました。「黒人法典」
では奴隷の衣食住の保障も所有者に義務づけ、虐待を禁止しました。人道的
に改善したように思えますが、この目的は「財産」である奴隷を失わず、生
産を確保することでした。プランテーションの設立、貿易会社の設立、法整
備によって利益の拡大を図るなかで、「黒人」と「奴隷」が同じことを意味
するようになっていったのです。

　この黒人が奴隷にされることを当たり前とする言説は、キリスト教の世界
観により正当化され、維持されてきたことも指摘されています。キリスト教
の世界観によれば、人間は皆アダムとイブの子孫です。そのなかでも「文
明」を持つヨーロッパ人に比べて、アフリカの人々は「遅れた」「野蛮な」
者だと解釈されました。また、創世記の「ノアの三人の息子たち」という挿
話も、黒人を奴隷にする根拠とされてきました。ノアが息子のハムに怒り、
ハムの息子を奴隷化する呪いをかけるのですが、「ハム」はエジプト語で
「黒」を意味するのです。このように、聖書も「黒人は奴隷にされるのが当
たり前」という考え方が維持される一因となりました。

　奴隷とされた人々を「人間」でなく「財産」とみなすことは、暴力による
管理を正当化してしまいます。アフリカで拉致された人々は沿岸の商館に集
められ、船に乗るまでに数ヶ月監禁されました。奴隷商人が収益性を考慮し
て「在庫管理」していたのです。奴隷船に乗せられて大西洋を横断する際に
は、病気や暴力、最小限の水と食事といった過酷な環境が強いられました。
生き残って到着したプランテーションでも、暴力による管理のもとで労働を
強いられました。奴隷制における暴力は労働させるためだけではなく、奴隷
の反抗や逃亡を防止する目的もありました。奴隷化された人々は、暴力によ
る身体的・心理的・社会的な傷を負いながらも、アメリカ大陸における自身
のアイデンティティを構築していきます。「アフリカ」と一言で言っても、
拉致された人々の出身地の言語や文化はさまざまです。しかし過酷な旅路や

離散、強制労働、反抗の経験などを共有するなかで、「暴力を耐え忍んだ人々」としてのアイデンティティが形成されていきました。

「解放」後も続く暴力の構造

　スペインやフランスの植民地においては、「混血」とされた人々が解放されて農場主や商人になることもありました。しかし解放されても「有色自由人」と呼ばれて白人と区別され、白人の持つ特権を手にすることはできませんでした。肌の白さの度合いによる分類を明確にすることで、「白」が持つ特権を維持しようとしたのです。それに対する黒人には「怠け者」「暴力で管理されるべき存在」というイメージがつくられ、ただ「奴隷」というだけでなく「白人に対する脅威」と捉えられるようになりました。このように「黒人」に「他者」としてのイメージが植えつけられてきたからこそ、「白人」という自己も形成されてきたと言えます。この黒人・白人の関係性はあくまでつくり上げられたものでありながら、現実の社会システムに組み込まれていったのです。

　19世紀になると各地で奴隷制が廃止されていきますが、暴力の構造は社会に残り、白人の権力を正当化してきました。「自由人」と「非自由人」の関係性は、奴隷制という制度がなくとも「人種」によって維持することができたのです。そして人種は肌の色による関係性だけでなく、「国際秩序」として白人宗主国が有色人種の植民地を支配する正当化にも用いられていきます。次のQで、奴隷制を通じて強化されてきた人種の言説が植民地支配にどのように使われたのか、見ていきましょう。（大島）

第2章　そもそも編

Q15
植民地支配とレイシズムって
どう関係しているの？

　19世紀になると、大西洋奴隷貿易と奴隷制度が各国で相次いで廃止され
ていき、奴隷化された黒人たちは身分上「自由」の身となりました。では奴
隷制廃止とともに、レイシズムはなくなったのでしょうか？　いいえ、むし
ろ奴隷制がつくり出した人種概念は「人種の科学」として世界中に広がる
システムとなっていったのです。Q14で説明されたとおり、人種差別的な考
えや主張は大交易時代（大航海時代）以降、特に奴隷貿易と奴隷制が隆盛し
た16～18世紀にかけて本格的に形づくられていきました。そして19世紀
になると植民地支配を正当化するべく「科学的な」根拠に基づいた人種差別
の理論が形成されていくことになりました。「人種の科学」は、西欧列強に
よる植民地支配を正当化させるための都合の良い口実となっていくのです。

「野蛮」の言説の作られ方——『白人の重荷』の世界観

　19世紀以降、西洋諸国が文明化していない野蛮な有色人種を文明化する
責務を果たすべきだとし、白人による支配を理想化させる観念が次々と登場
しはじめます。イギリスの詩人ラドヤード・キップリングは、1899年に
『白人の重荷（The White man's burden）』という作品で、次のように綴りま
した。

　　白人の重荷を背負って立て——
　　君たちが育てた最良の子弟を送り出せ——
　　君たちが捕らえた者どもの必要に奉仕するため
　　君たちの子弟を異国の彼方に向かわしめよ
　　乱れさざめく野蛮な民どもの世話をするのだ
　　君たちが新しく捕らえた、仏頂面の

72

なかば悪魔、なかば子供のような民どもの（藤永茂訳）

　下記の風刺画のように「なかば悪魔、なかば子供のような民ども」である有色人種を「文明化」へと白人（アメリカ、イギリス）が導いているという言説は、西洋諸国による植民地支配を正当化させる「人種の科学」とともにつくり出されていくこととなったのです。

「人種の科学」と植民地支配

　そもそも植民地支配は、奴隷制度と奴隷貿易の終焉によって不足した人員を新たに移動させ、現地の人々を労働者として生産に従事する新たなプランテーションの構築を意味しました。西洋諸国は新たな労働者を働かせるために暴力を行使しなければならなくなったために、「人種の科学」を重要なテコとして、その支配や暴力の行使を正当化させ、植民地政策を発展させようと試みたのです。

　そして「科学的」に構築されていった人種は、支配を拡大させる道具としてその影響力を増していくことになります。例えば、スコットランド出身の解剖学の教授ロバート・ノックスは『人類の人種（The Races of Men）』（1862年）の冒頭のまえがきにおいて「人種がすべてである。文学、科学、芸術、要するに文明は、人種しだいである」と述べ、能力の高い人種（ヨーロッパの人種）が文明を生み出せ、その対極にある有色人種、なかでも黒人は文明を生み出せないという言説を打ち出しました。本作の第3章の「アフリカ」では当時の西欧列強によるアフリカへの植民地支配が進行するなかで、いかに白人の支配能力が優れているのかが示されました。さらに1859年に設立され

「白人の重荷」（『ジャッジ』1899年4月1日）

73

たパリ人類学会では、1860年代から1870年代にかけ、植民地政策に反映させるべく新たな探検によって得た知識や科学をまとめるようになり、形質人類学の発展に寄与しました。創設者の外科医ポール・ブロカは、頭蓋骨の計測によってその容量の大きさが人間の知的優劣を示すものであるとしました。のちに学会員であるギュスターヴ・ル・ボンはアジアとアフリカを10年かけて探検した後、骨相学の概念を公表し、人種ごとの頭蓋の計測結果を比較しました。これらの研究が結果的に肌の色による人間の序列化を補強することへとつながっていきました。しかしこれらの「科学的な」研究結果は、植民地支配を正当化するための「人種の科学」の構築に加担したほんの一例にすぎません。

　「人種の科学」は植民地支配の発展とともにその政策に取り入れられ、支配下に置かれた人々を大きく翻弄し、人々へ向けられた暴力はエスカレートしていきました。ベルギー領コンゴにおいては、とりわけ最も悲劇的な結果を招くこととなりました。「コンゴ自由国」としてレオポルド2世によって私有地とされた同地は、天然ゴム採取において先住民を酷使していきました。人々には過酷なノルマが課せられ、それを達成できなかった者の手首が切り落とされ、23年に及ぶ支配下で1000万人の先住民が命を落としたといわれています。みなさんも一度は耳にしたことがある1994年に起きたルワンダ大虐殺も、ベルギー領コンゴによって民族区分がつくられたことに起因して生じた惨劇でした。「人種の科学」を応用し、ルワンダのツチ人をフツ人、またトゥワ人と対比させ、セム民族に近い民族として分類し、優遇する統治システムを確立させたことが、大虐殺の発端となったのです。このように「人種の科学」は西洋諸国の支配下での暴力を正当化する装置として機能し、統治下に置かれた人々を想像を絶する残虐な暴力にさらさせることとなりました。

　19世紀から20世紀にかけては、帝国の文化的優位性を誇示する目的で「植民地博覧会」が相次いで開催されていき、そのなかで植民地下に置かれた人々を「展示」する「人間動物園」が催されました。これらは19世紀のヨーロッパの帝国主義や植民地統治の正当性を保証する象徴的なイベントとして機能し、1880年代以降に全盛期を迎えます。植民地下の人々をヨー

ロッパに連行して「展示」し、それを「観覧」する民衆が自らの優位を確認することで、レイシズムを広げる役割を担っていったのです。1906年にはコンゴのピグミー人であるオタ・ベンガが、ブロンクス人間動物園に猿と一緒に檻の中に入れて展示させられ、1958年のブリュッセル万国博覧会では「コンゴ村」でベルギー領コンゴから宗主国に連れられた少女が見世物にされました。なかでも最も「展示」されたのは、南アフリカの「ホッテントット」（蔑称）と呼ばれたコイコイ人でした。コイコイ人女性のサラ・バートマンは、イギリスに連行され、その身体的特徴ゆえに1810年から見世物にされました。パリで死去した彼女の遺体は性器と脳が切り取られたのちに「人種の科学」の発展のためにホルマリン液浸標本とされました。解剖に際して造られた彼女の全身像は1937年から1974年までパリの人類博物館に展示されました。そう遠くはない20世紀半ばまで「他者」を「展示」し、観覧者のエキゾチシズムをそそり、自らの優位性を確認する材料とされ、娯楽としても機能していたのです。

　2020年のBLM運動を契機に、植民者や「人種の科学」の発展に寄与した科学者たちが公共空間における銅像や標識、また建物や道路の名前に施され「英雄化」されてきたという一面的な歴史観を問い直す議論が再燃しました。レイシズムは奴隷貿易、奴隷制、そして植民地支配の流れにおいて強固に構築されていきましたが、現代においてもわたしたちはその負の遺産と向き合い続けなければならない現状にあるのです。（吉田）

コラム 3

奴隷制・植民地支配の
賠償問題と人種資本主義

　植民地支配や奴隷制に対する賠償問題が今もなお続いていることを
ご存じでしょうか？そんな過去の出来事で生存者もいないのにそもそ
も請求ができるのか、と思っている読者も多いでしょう。ここでは、
BLM運動でも焦点化した、過去の償い、奴隷制や植民地支配への謝罪
や賠償の背景にはなにがあるのか、この問題を問う際の鍵となる人種
資本主義の視座について考えます。

歴史的賠償と人種資本主義

　「賠償金」（reparations）とはなにか。これは、かつては国家間の戦
争などで相手国に生じた損害に対して支払う罰金の意味で使われる用
語でした。しかし、1990年代以降、過去の歴史的不正行為に対して賠
償請求することが正当な要求とみなされるようになっていきます。こ
の歴史的転換は、ホロコーストのサバイバーやナチスの強制収容所に
いた労働者が、スイスやドイツ、オーストリアなどの銀行や私企業、
政府に対して行った賠償請求が一部認められたことから始まりました。
第二次世界大戦中の日系人の強制収容をめぐるリドレス運動でも、
1988年の市民的自由法ではレーガン大統領が強制収容は過ちであった
ことを認めて謝罪し、日系人の収容経験者に対して個人補償として各自
に2万ドルが支払われることとなりました。
　こうした賠償政治の成果によって、アフリカ統一機構などが奴隷貿
易への関与などで欧米各国に賠償を求める動きを見せ始めます。南ア
フリカのダーバンで開催された反レイシズムの会議では、カリブ海地
域とアフリカが旧宗主国に対する奴隷制による権利侵害について謝罪
と賠償に関する条項を入れるべく動きました。しかし、これらアフリ
カ諸国からの賠償請求がうまくいかなかったのは、賠償が奴隷貿易に

対してなのか、植民地主義に対してなのか、責任の所在が明確ではなく本質的に決着しがたい事案だったからです。

　近年の歴史研究では、大西洋奴隷貿易や奴隷制がヨーロッパ近代を支える資本主義発展の支柱であったと捉えられ、「人種資本主義」の視座からの問い直しが進んでいます。これまでの歴史学では、マルクス主義史学の発展段階論の影響で、資本主義と奴隷制を結びつけて論じることは避けられてきました。しかし、大交易時代（大航海時代）以降の奴隷貿易と南北アメリカ大陸の植民地化が始まったときから、すべての資本主義はレイシズムと一体となった人種資本主義として展開したのではないか。奴隷制廃止が人種マイノリティの権利侵害の終焉ではなく、その後もかれらが「奴隷」とは区別される様態を取りながら、変わらず人種資本主義によって搾取され続けており、それゆえに慢性的な貧困状態に取り残される結果となっているとされています。

賠償政治の行方

　奴隷制廃止から約200年たった年には、CARICOM（カリブ共同体）が奴隷制と植民地支配に対する謝罪と賠償を求める行動計画を発表しましたが、植民地時代に奴隷制は非合法ではなかったため法の不遡及の原則（施行以前には法は適用されないという原則）から責任を追及することは難しいとされています。世界各地での賠償請求もほぼ同じ理由で挫折しています。

　BLM運動の影響もあり、アメリカでは奴隷制の被害者たる黒人に賠償金を払うべきと考える国民が増えています。しかし賠償額の算定方法が定まりません。そもそも、奴隷解放では元奴隷には金銭的補償が施されなかったのとは対照的に、元奴隷所有者にのみ手厚い金銭的補償がなされました。損失補填は、カリブ海植民地であれば、オランダ領で約1200ギルダー、イギリス領では2000万ポンドにのぼります。奴隷制の過去への償いはいかにあるべきか。みなさんはどのように考えますか。（伊藤）

第2章　そもそも編

Q16
人種差別撤廃に向けて
国際社会はどのように取り組んだの？

　国際社会での人種差別や植民地主義の問題は、ふたつの世界大戦を契機に
その撤廃に向けての動きを加速させていきました。第一次世界大戦では、
ウィルソン大統領が提示した「十四か条の平和原則」に非白人のマイノリ
ティが解放を夢みますが、早々に裏切られ、パリ講和会議では人種差別の克
服や植民地解体に関する本格的な討議すらなされませんでした。しかし、第
二次世界大戦では、ナチ・ドイツによるホロコーストという悲劇を経験する
ことで、1945年に設立された国際連合では、すべての人の人権を保障する
ことが世界平和の礎（いしずえ）になるとの考えから、1948年の国連総会で、世界人権
宣言が採択されました。ここから国連を中心とした人種差別撤廃への取り組
みが本格化します。

1948年	世界人権宣言、集団殺害罪の防止及び処罰に関する条約（ジェノサイド条約）
1963年	人種差別撤廃宣言
1965年	人種差別撤廃条約、アメリカでは前年に公民権法制定
1966年	国際人種差別撤廃デー（3月21日）の創設
1973年	アパルトヘイト犯罪の抑圧及び処罰に関する国際条約
1994年	南アフリカでアパルトヘイト廃止、ネルソン・マンデラが黒人初の大統領
2001年	人種主義と人種差別に反対する動員の国際年、人種主義、新種差別、外国人排斥および関連する不寛容に反対する廃世界会議
2009年	ダーバン再検討会議

人種差別撤廃条約ってなに？

　このQでは、人種差別撤廃条約がどのようなものなのかを当時の時代背
景とともに検討することで、なぜ現代社会においてこの条約が重要なのかを
考えていきます。

78

人種差別撤廃条約は国連が1965年12月21日に採択したものです。人種や民族などを原因とするあらゆる差別を禁止することで、人権と基本的自由を認めようとしたものです。2020年10月時点で182の国と地域がこれを締結しています。この条約に基づいて設置された人種差別撤廃委員会（以下CERD）は、加入国が条約を履行しているかを確認する役割を担っており、条約加入国は、定期的に国連に実施状況を報告し、CERDから審査を受けることになります。

　この条約はきわめて広い範囲の差別を撤廃することを目的としており、そのための必要な措置と行動についても条文で細かく規定されています。その膨大な中身を知る前に、なぜこの条約を締結するに至ったかをみることで、各条文の意味がぐっとわかりやすくなるでしょう。

　話は第二次世界大戦期にさかのぼります。ナチ・ドイツは、ユダヤ人を強制収容所へと送り、大虐殺するホロコーストを実施していました。ここで注目すべきは虐殺行為だけでなく、そこに至るまでの過程です。

　Q12でも詳述しましたが、ヒトラーは1933年に政権につくと、ただちに優生学的な断種法を制定して、初年度だけで5万6000件以上の「不適者」の断種を実行します。『我が闘争』でも主張されたように、その後はアーリア民族至上主義と反ユダヤ主義的政策を強化していきます。さらに、ニュルンベルク人種法とよばれる法案ではユダヤ人が明確に定義されたのですが、そこでは本来ユダヤ人は「ユダヤ教を信教とする人々」であったのが「ユダヤ人の家系にある人々」、すなわち血統によるものへと変えられたのです。これによりユダヤ人は「人種」のひとつとなり、ホロコーストはこの劣等な「人種」の絶滅を目的とした、究極のレイシズムとして現れたのです。

　第二次世界大戦のホロコーストの教訓とは、600万人にも及ぶとされる大量虐殺の悲劇もさることながら、この重大な出来事のきっかけが小さなマイノリティへの人権侵害であり、それが海外への侵略と表裏一体でエスカレートし、世界大戦が引き起こされたということでした。小さな人種差別、人権侵害を他国の国内問題として放置すれば、それが戦争へとつながりジェノサイドへとつながるという教訓を国際社会は得たのです。

　それゆえに、国連憲章の人権条項を具体化した世界人権宣言では、まず第

一条で「すべての人間は、生まれながらにして自由であり、かつ、尊厳と権利とについて平等である」と宣言し、続く第二条1項では「すべての人は、人種、皮膚の色、性、言語、宗教、政治上その他の意見、国民的若しくは社会的出身、財産、門地その他の地位又はこれに類するいかなる事由による差別をも受けることなく、この宣言に掲げるすべての権利と自由とを享有することができる」と謳ったのです。人種や皮膚の色が最初に挙げられていることからも、当時の反レイシズムの精神の高さがうかがえます。

しかし、世界人権宣言はあくまで理念を謳った宣言であり、法的な拘束力を持ちません。実際に人種差別が起こってしまっても、国連は実効的な措置をとれなかったのです。1959年から60年にかけてヨーロッパで続発したネオナチの暴動でも、暴徒と化したヒトラー信奉者に対して国連はなんの対処もできなかったので、それ以降国連は実効性のある条約を制定することで法的に義務づけることを目指しました。そうした過程をへて生まれたのが1963年11月20日に採択された人種差別撤廃宣言であり、それに法的拘束力を持たせたのが人種差別撤廃条約ということになります。

ホロコーストやアパルトヘイトなど国家主導で人種差別が引き起こされた歴史の反省に立って、人種差別撤廃に向けて中心的な役割を果たすことになったのが、1965年に採択された人種差別撤廃条約です。人種差別のない社会の実現を究極目標とし、締約国には、人種差別の禁止、人種差別の被害者の救済、人種差別の防止（レイシズムの否認、差別扇動の規制など含む）、積極的差別是正措置などが取り組むべき法的な政策的な枠組みとして設定されました。

人種差別の定義は、世界人権宣言などと概ね同じ文言であり、解釈の余地が大きく、それゆえ広範囲の差別をカバーしています。具体的な差別としては、ホロコーストや欧米での黒人差別、アパルトヘイト、インドのカースト制などが念頭にあるといえます。

人種差別撤廃条約と日本

日本は、1995年12月にこの人種差別撤廃条約に加入しました。条約がで

きてから30年後のことであり、全体では146番目の批准となり、政府が加入に消極的だったことがうかがえます。日本は加入後、条約の内容はすでに実施しているとして新規の立法措置は行いませんでした。その後、日本は4回の審査で4回の勧告を受けますが、人種差別の禁止に向けた取り組みを具体化することはありませんでした。現状認識や条約の法解釈で意見は隔たったままで、初回の審査から今日に至るまで改善の見込みは立っていません。

この条約に加盟する以前から、日本には部落差別やアイヌ民族、琉球、沖縄の人々や在日コリアンに対する差別の問題がありました。しかし、アメリカの黒人差別のようなものだけを人種差別と捉えて、自国の問題は長らく人種差別とは認識されてこなかったという経緯もあるのでしょう。

CERDからの勧告のポイントをいくつか紹介します。第一に、条約の適用対象になるマイノリティ集団には部落や沖縄が含まれるとして勧告が出されていますが、日本政府は含まれないとの立場をとり続けていること。第二に、人種差別を禁止する包括的な法制定を求めて勧告を出しているのに、日本政府は現行法で条約上の義務は担保されているとしていること。第三に、条約加入時に、日本政府は憲法における「表現の自由」を根拠に、第四条（人種的優越主義に基づく差別と扇動の禁止）の(a)(b)項を留保して、その立場をずっと変えていません。第四に、国内人権機関の設置と個人通報制度の受け入れは、20年以上勧告され続けている最重要勧告ですが、日本政府は重い腰を上げようとはしていません。

CERDによる勧告は、日本政府が今後とるべき具体的な施策・行動を示しており、日本社会のレイシズム、人種・民族・出自にかかわる差別をなくしていくための処方箋となっています。ここまで見てきたように、人種差別撤廃条約は、ホロコーストやアパルトヘイトなどの悲劇を繰り返さないために、国連が中心となってレイシズムを撤廃するためにつくり上げた国際基準であり、日本社会はこの基準に合わせて人権意識を高めていく必要があるでしょう。最近の非正規滞在の外国人の収容・送還ルールを見直す入管難民法改正案においても、人権侵害をあらためる熟議が必要だったにもかかわらず、難民審査の第三者機関設置の修正案は見送られ成立してしまいました。国際基準から目をそらす日本社会でいいのか、そこが問われていると思います。（青木）

第 2 章　そもそも編

Q17
白人って誰のこと？

「白人」とはいったい誰のことでしょう。肌の白い人でしょうか。それとも、ヨーロッパの人たちでしょうか。人種分類でいう「コーカソイド」でしょうか。人種は、生物学的に決まるのではなく、社会的につくられたものだと学んできましたが、実は「白人」もまた、歴史的にある社会のなかでつくられ、定義され、その範囲を変化させてきました。ここでは、1990年代以降に盛んになった「白人」とはなにかを検証する白人性研究（Whiteness Studies）の成果をもとに、「白人」とは誰か、なぜ「白人」は人種ヒエラルキーのトップに君臨するようになったのかについて考えてみましょう。

「白人性」研究が解き明かしてきたこと

まず大前提となることですが、なぜ90年代まで「白人」が研究対象とはならなかったのか。それは、「白人」が普遍的な人間存在を象徴し、正常なものや規準となる存在であったからでした。そのため、長い間「白人」は、その存在自体に疑問を持たれることがありませんでした。白人は常にこの世界を観る側、観察者の立場にあり、規範の設定者であり、マイノリティの問題をつくり出す側で、自らの存在が問題視され、観察の対象となることがなかったのです。18世紀のヨーロッパ啓蒙の時代に、普遍的に「すべての人間」などと表記されたのは、実際には「白人」男性のことでしたが、その限界性が問われることはありませんでした。レイシズムを問うとき、マイノリティについての知識を深めることも大切ですが、差別を生み出し、近代世界の規範の根源に深くかかわっている「白人」がどのような人種であるかを理解することも必要不可欠です。

歴史を振り返れば、支配権力と「白人性」とが紀元前の昔から結びついていたわけではありません。前近代には「肌の白い人」はいましたが、それが必ずしも強力な支配的権力に結びついていませんでした。白人／黒人という

82

境界以上に、キリスト教徒／異教徒、自由人／奴隷といった宗教や身分による境界のほうが大きな意味を持っていました。しかし、15世紀末の大交易時代（大航海時代）以降、大西洋奴隷貿易が開始され、それが莫大な利潤を生み出す打ち出の小槌となると、「白人」と「黒人」という人種の差異が大きな意味を持つようになっていきます。

　そして決定的に重要だったのは、近代国民国家の形成でした。アメリカの歴史を具体例に考えてみましょう。アメリカは啓蒙の理念を掲げて誕生した新生共和国です。独立宣言では、ロックが『統治二論』（1690年）で論じたように、自然法に基づく革命権を主張しますし、「すべての人間は平等につくられている」と謳います。タテマエとしては普遍的な人間への権利が保障されているようですが、実際にはこの「すべての人間」に白人の女性も、黒人奴隷も、先住民も入っていませんでした。当時の啓蒙思想とは、「白人」（ヨーロッパ系）の男性のみを想定した「人間」だったのです。

　しかも、1790年には重要な帰化法が制定されて、合衆国の市民権を取得する申請要件に「自由な白人」という人種的な条件が加えられます。憲法制定からまもないこの時期に、このような制限がつけられたのは、植民地時代からすでにたくさんのヨーロッパ系の人々が入っており、建国当時のイングランド出身者が白人人口の六割に満たなかったことが背景にはありました。特定の民族を政治的単位に「民族国家」を立ちあげるには基盤が弱すぎて、独立宣言や憲法に謳われた理念を共有する「理念国家」として、それを担う有徳の市民を「自由な白人」と呼んだのです。

　この帰化法の人種的要件の制定が、アメリカが白人共和国になる礎となり、その後の政治経済をWASP（白人でアングロサクソン系でプロテスタントの人々、アメリカ社会の主流派）の人々が牽引するようになったきっかけだったといえるでしょう。ですが、問題はこの18世紀末から19世紀にかけて、「白人」とは誰かに共通了解はなかったことで、それが「白人」の範囲はどこまでかをめぐる移民集団間のコンフリクトを引き起こしたということです。

　白人性研究によれば、ヨーロッパ系移民のなかでも、アイルランド系やイタリア系、ユダヤ系などの集団は「白人」への算入に障壁があったことが知られています。アメリカでは、1845年頃からジャガイモ飢饉による経済的

第 2 章　そもそも編

困窮からアイルランド人が大量に移民してきました。かれらはカトリック教徒であり、貧困層がほとんどで十分な財産もないため、低賃金労働者として働きました。都市部に他のマイノリティと混住していたかれらは、自由黒人が雇用面では競合相手でした。「黒人のように」アイルランド系が描かれた当時のアメリカの風刺画から、アイルランド系を「われわれ」とは認めたくないという思惑が透けて見えます。かれらは南北戦争までの時代は、しばしば「ホワイト・ニガー」と蔑まれていたのです。

ですが、だからこそアイルランド系移民は奴隷との差異を強調し、職場でも奴隷と同じように「ご主人さま」（マスター）と呼ぶのを避け、あえて「ボス」という言葉を使いました。かれらは、南北戦争中にも奴隷解放のために兵士として戦うのは嫌だとしてニューヨークでは大規模な徴兵忌避の暴動を起こしました。戦後も、西部では黒人ばかりでなく、競合相手であった中国人移民を暴力的に排斥することで、「白人」としての地位を獲得しようとし、社会的上昇を目指しました。再建期以降は、民主党の都市政治と結託して、「白人」労働者として組合運動で頭角を現し、「白人」だけが持つことのできた権利（帰化や選挙権、警察・消防署などの職業）を利用し、政治の世界から「白人ではない」存在を締め出すことで「白人」への道を進みました。

このように「白人」とは誰かを考察するには、その時代や社会のなかでのエスニック集団間での関係を具体的に検証することが必要で、「白人」の普遍性を問い直すことが大切です。

白人性研究はアメリカ発信のものばかりでなく、ヨーロッパやオーストラリア、アジアにおいても展開があります。植民地帝国でのレイシズムを考察する視座として、グローバルなレイシズム、帝国主義の問題との連鎖などは重要なテーマとなりますが、その際、白人性には「見

「これが白人の統治だ」（ハーパーズ・ウィークリー、1868 年）
奴隷解放を達成した共和党が、黒人を抑圧する民主党を批判した選挙ポスター。「白人の統治」の復権を目指す民主党の三本柱、左の猿顔の男性は民主党政治を支えるアイルランド系移民、真ん中は南部退役軍人でKKKの創設者のひとり、右側はウォールストリートの経済エリート。

える白人性」と「見えない白人性」の2種類があるといわれます。「見える白人性」とは、遺伝的で生得的な身体的な特徴（皮膚の色や顔立ちなど）がつくり出す白人性で、「見えない白人性」とは、人類の標準化や文明の規準をつくり出す白人性のことです。両者は対立しているのではなく、「見える白人性」が「見えない白人性」の根底にあります。「見える白人性」が、近代以降に各地域で「白人」の「特権」（「見えない白人性」）をつくり出しました。「見えない白人性」は、身体的な特徴にかかわらないため、ある時代には日本人も「白人性」を持つ存在であったといえます。

　1960年代、南アフリカに駐在する「日本人」がアメリカの新聞や現地の人々から「名誉白人」と呼ばれました。これは日本人が「白人」の「特権」を享受できたということです。当時、南アフリカではアパルトヘイトという人種隔離政策を行っていて、白人と有色人種（黒人やアジア系を含む）の不平等な社会システムがありました。しかし、日本は南アフリカの重要な貿易相手国であったため、白人待遇の生活が保証されたのです。こうした日本人の待遇は、「見えない白人性」によるものと言えるでしょう。

「白人」を考えることから、当たり前を問い直してみる

　以上、白人性研究の成果を紹介しながら、「白人」とはなにかを見てきました。「白人」は物事の基準、ノーマル、普遍的な存在として、長らく観察されたり、問題としてみなされたりすることがありませんでした。しかし、その規範を設定し、「問題」をつくり出していた側を問い直さなければ、レイシズムの構造を分析することはできないのではないでしょうか。「アイヌ問題」「被差別部落問題」と、マイノリティの問題を検証するときに、それは本質的には「日本人問題」なのではないかとわたしたちがなかなか問えないと同じことです。レイシズムをなくしていくためには、レイシズムを受けやすいマイノリティ側の働きかけだけでなく、見える白人性／見えない白人性を持つマジョリティ側からも働きかけ、社会全体で取り組んでいく必要があるのではないでしょうか。（樋浦）

コラム 4

アカデミー賞受賞者は
なぜ白人が多いと批判されたの？

　#OscarsSoWhite（オスカーは白人だらけ）という運動を知っていますか。2016年のアカデミー賞にノミネートされた20人がみな白人だったことに非難の声があがり、アカデミー賞の歴史からいかにマイノリティが排除されてきたのかが問われています。アカデミー賞は1929年に始まって90年以上の歴史を歩んできたわけですが、これまで白人俳優が賞をほぼ独占してきました。これもまた構造的・制度的レイシズムの問題ではないでしょうか。

問題を抱えるハリウッド

　みなさんは、アカデミー賞の主要部門に選ばれた黒人俳優がこれまでに何人いると思いますか、想像してみてください。驚くことに、歴代のアカデミー賞の受賞者で2022年までに主演男優賞に選ばれた黒人俳優は5人で、主演女優賞に至っては1人のみなのです。アジア系俳優も、2023年になってようやく主演女優賞をミシェル・ヨーが受賞したばかりです。
　この背景にはアメリカの映画業界の組織的問題があります。2012年にロサンゼルスタイムズが報じたところでは、そもそもアカデミー賞の選定を行う映画芸術科学アカデミーの会員のうち、全体の94％が白人、77％が男性なのです。このような組織構造では白人俳優が優遇されるのは当然です。また、映画芸術科学アカデミーの会員になるための資格要件にはアカデミーの高い基準を満たす映画にかかわっていることという不明瞭な条件を満たすことや会員の推薦を得ることが必要でした。これでは白人の会員に偏ってしまいますね。
　そもそも、ハリウッドでは昔、ヘイズ・コードと呼ばれる自主規制があったことを知っていますか。1930年代に成立し、1964年まで効力を持ちました。この規制では黒人と白人のキスシーンを含め、異人種間での恋愛・結婚

の物語はタブーとなりました。ヘイズ・コードが廃止された後も、非白人が主役になることは滅多にありませんでした。出演できたとしても「マジカル・ニグロ」と呼ばれる白人の主人公に都合のいい親切な役ばかりでした。

　また、ホワイトウォッシングという言葉を耳にしたことがありますか。非白人の役に白人を配役することを意味します。人種差別的な内容で悪名高い『国民の創生』では黒人役を白人が黒塗りして演じています。有名な『ティファニーで朝食を』では日本人の役に白人が配役されたこともあります。これでは、非白人俳優の出演機会が失われ、白人に配役が偏ってしまいます。

　一方で、2023年公開の映画『リトル・マーメイド』の実写版ではアリエルに黒人女優が配役されましたが、このような配役にはブラックウォッシングやポリティカルコレクトネス（政治的な正しさ）だといった批判があります。映画の配役ひとつとっても、人種問題に対応することは難しいのです。

　21世紀の今日まで非白人が主役の映画は多くありません。しかし、昨今『ブラック・パンサー』など、非白人が活躍する映画にスポットライトが当たっています。非白人が映画のなかで、重要な役割を担い存在感を発揮することが、日常生活における非白人の励みにつながるのです。

変化するハリウッド

　今、映画芸術科学アカデミーは、歪んだ組織構成をあらためようとしています。女性や非白人の会員数を増加させ、投票権の期限を10年に設定することで映画業界の世代ごとの風潮や意向を反映することを目指しています。そして、アカデミー賞のなかでも注目される作品賞の選考には、主要な役にアジア人や黒人、ヒスパニック系などの人種や少数民族の俳優の起用するという新たな条件が2024年から設けられます。これは社会には多様な人種がいることを映画で表現することを期待してのものです。映画業界は変化を迎えています。映画は社会を映すもの、影響力のあるものだからこそ、多様性が求められているのです。（伊藤）

コラム 5

文化の盗用ってなに？

　2019年、アメリカの有名セレブ、キム・カーダシアンさんが立ち上げた矯正下着ブランド「KIMONO」（キモノ）が「日本文化の盗用ではないか」と波紋を呼びました。ツイッター上では「#KimOhNo」のハッシュタグが拡散されて多くの懸念が表明され、最終的には京都市長が抗議文を出し、ブランド名を変えるまでに発展しました。この出来事はなぜこれほどの物議をかもしたのでしょうか？なぜなら、この事例は「文化の盗用」に位置付けられるからです。英語ではCultural Appropriationと呼ばれるこの用語は、実はレイシズムに深く関連する課題のひとつであり、奴隷制、植民地主義の歴史と密接に関係しています。

　そもそも「文化の盗用」とは「自らのものでない文化から、ものを奪ったり利用したりする行為、特にその文化を理解または尊重していることを示さずに行う行為」であると定義されています。基本的にはマイノリティ文化を他の人種や民族、また異なる文化圏の人々が表層的に身勝手に利用することを指します。そして、特に経済的、政治的、制度的に権力を持つ特権的な立場にある集団が抑圧されてきた人々の文化を借用する場合に起こるとされているのです。さらに、盗用する側がアクセサリーのように、マイノリティの文化をつけたり外したりできるという「選択できる」という要素や、「もの」を奪うだけではなく、マイノリティ文化を借用して支配集団が利益を得ることで、当事者からさまざまな機会および尊厳を奪うことをも意味します。

アメリカの事例

　アメリカ先住民の「文化の盗用」は、植民地主義の搾取形態のひとつに位置づけられています。1773年の「ボストン茶会事件」にて、アメリカ先住民のモホークに変装した急進派の一団が東インド会社の船に乗り込み、茶を

海に投棄した話は有名ですが、白人入植者たちはThe Improved Order of Red Menという友愛組合を設立し、先住民の衣装をまとい、その文化を「原始的で野蛮なもの」と表象し、人種差別的なステレオタイプを助長しました。しかし入植者らは自ら先住民の文化を身につける一方で、先住民を抑圧し（詳しくは第3章Q24）当事者の文化的な生活や行為を根本的に奪おうとしてきました。そして支配集団である白人たちは自ら先住民の文化を身につける一方で、当事者の文化の実践機会を根本的に奪おうとしてきました。その最も代表的なものは、19世紀後半から20世紀にかけ、アメリカやカナダで先住民の若年層への同化教育を目的とした「インディアン寄宿学校」です。寄宿学校に入学すると、先住民たちは伝統衣装を脱がされ、身体を洗われたのち、聖霊の象徴である長髪を短く切られることになりました。白人側は先住民文化を消費する一方で、当事者である先住民自身の文化へのアクセスを「野蛮」であり「文明化」を妨げるという名目で奪っていったのです。21世紀の現在になってもなお、先住民の「文化の盗用」は後を絶たず、ハロウィンの衣装で伝統衣装が売られ、当事者以外の人々が纏ったり、Red Skins（蔑称）をはじめとする差別用語がスポーツチームや学校名などに使用されたりしています。

先住民の衣装をまとう白人

　奴隷制度を起源に生まれた黒人音楽、黒人のヘアスタイルをはじめとする黒人文化（ブラックカルチャー）の「文化の盗用」も同様にたびたび問題視され、なかでもブレイズ、コーンロウ、ロックスなどの黒人の髪型をめぐる事例は今日においても後を絶ちません。他の人種や民族、文化圏の人々にはアクセ

「インディアン寄宿学校」に入学し断髪されたアメリカ先住民

89

サリーのようにそのブラック・ヘアーを取り入れ、個人の裁量でつけたり外したりできる「選択の余地」がある一方で、当事者である黒人の方々は髪質を生かした髪型を理由にさまざまな権利が制限されてきました。「クラウン法」など、アメリカの一部の州では髪型差別を禁止する法律が制定されていますが、未だ一部の州でしか成立していない現状にあります。このように、当事者の人種・民族的アイデンティティや奴隷制、植民地主義などの歴史的背景、さらに当事者が日々置かれている現状を鑑みず、文化だけを表層的に消費することは「文化の盗用」の一形態であると指摘されています。

「文化の盗用」との向き合い方

事実として「文化の盗用」は未だ議論の決着がついていない、複雑で簡単には解決が見いだせない課題です。「文化への敬意」（Cultural Appreciation）との線引きや、どこまでが盗用であるのかという定義の規定に関しても議論は続いており、特にアメリカにおいてはセンシティブな話題と化しています。しかし、文化を借用し消費する側になったとき「それによって誰が利益を得ているのか」、また「文化を築き上げた人々へ敬意を払えているのか」をはじめとする問いを深く考えることが必要であることには変わりありません。そして、歴史を含めた文化的背景を深く知り、理解するために学ぶ姿勢もまた一人ひとりに求められているのではないでしょうか。（吉田）

第3章
アメリカ編

　第3章では、アメリカの歴史を振り返りながら、レイシズムの問題を考えてみます。現在、アメリカ史を根底から問い直す動きが始まっています。それを通してわたしたちは「レイシズム」の形成過程やそのあり方、抵抗の歴史や課題などについて知ることができるはずです。この問いを基点に、アメリカの歴史を見ていきましょう。

第3章　アメリカ編

Q18
アメリカは「自由」と「平等」の国と
言われるのに、なぜレイシズムが激しいの？

　さて、みなさんは「アメリカ」という国にどのようなイメージを持っていますか。高校の世界史の教科書では、北米植民地がイギリスから離反して独立戦争を始め、1783年にパリ条約でアメリカの独立が承認される歴史を学びます。1776年7月4日に発表された独立宣言には、啓蒙主義の思想が大きく取り入れられ、自然法をもとに人間の平等が謳われました。「すべての人間は生まれながらにして平等であり、その創造主によって、生命、自由、および幸福の追求を含む不可侵の権利を与えられている」という前文のフレーズは、日本の歴史教科書に必ず登場するほど有名なものですね。1789年に施行される合衆国憲法では、各州に広範な自治権を認めながら連邦主義が採用され、さらには人民主権を基礎にして、立法・行政・司法の三権分立が明確に定められたことが強調されます。こうしてみなさんの多くが、1776年の独立宣言を起点に、近代国家として自由と平等の理念を掲げた国、デモクラシーの国といったイメージをアメリカに持っていることでしょう。

　さらに中学や高校の教科書では、アメリカはしばしば「民族のサラダボウル」や「人種のるつぼ」と表現されて登場します。これらの言葉は、アメリカが多様な肌の色の人種や民族が集まり、暮らしている国であることを示しています。また、アメリカが「移民の国」として、政治的・宗教的迫害で苦しむ人々を世界中からあまねく受け入れる「人類の避難所」を目指し、大量の移民・難民を受け入れてきたことも知っていることでしょう。実際、アメリカは世界最大の移民受け入れ国であり、現在までに受け入れた移民の総数は7000万人を超えています。

　こうした「自由」「平等」「サラダボウル」「移民の国」といったイメージと、でもみなさんが日々、ニュース報道で知るアメリカにはギャップがありませんか。今年も最速ペースで米社会では銃乱射事件が起きていますが、2022年は646件、2021年は690件と信じられない件数が報告されています。

92

また、BLM運動を扱うQ22で詳しく見ますが、人種マイノリティにより展開される反レイシズムなどの社会正義を求める運動もニュースでよく目にするものでしょう。

そこで考えたいのが、「アメリカは「自由」と「平等」の国と言われるのに、なぜこんなにレイシズムが激しいの？」というお題になります。みなさんは答えられますか。

歴史のなかの矛盾を考える——「自由」の追求と暴力

歴史像の矛盾を考えることは簡単なことではありません。でも、自分が当たり前のこととして自明視してしまっている価値観を疑ってみることで答えは導きだせるかもしれません。そもそも、みなさんはどうして「自由」で「平等」な社会には暴力など存在するはずがないと思うのでしょうか。

ヨーロッパのような伝統的な共同社会による規制が緩く、自由を求める移民たち、入植者たちの個人間の対立競争が激しかったアメリカでは、どの社会よりも自由の追求が他者に対する暴力を誘発しがちであったと説明したら、おわかりいただけるでしょうか。アメリカは近代国家としてはめずらしく常備軍のない（弱い）国家として船出しましたが、それゆえに自分の身は自分で守る行動規範が確立され、そのことは憲法修正第2条で保証されました。いまも銃規制が進まない決定的な法的根拠のひとつですが、そこでは「規律ある民兵は、自由な国家の安全にとって必要であるから、人民が武器を保有しまた携帯する権利は、これを侵してはならない」と記されています。

つまり、「自由の国」だからこそ、自分で自分の身を守る国だからこそ「正当な暴力」が発動され続けてきたのです。しかし、ここで注意が必要なのは、その「正当な暴力」を行使することができたのは、新生共和国の担い手とされた白人男性に限られていたという点と、かれらによる暴力行使はしばしば隠蔽され、歴史的になかったもの、歴史的に忘却させられたということです。

1790年の帰化法で市民権の付与が約束され、1820年代までにはほとんどの州で白人男子普通選挙が導入されたことで、白人男性は共和国を担う政治

第3章　アメリカ編

的主体として認知されていきました。南部奴隷制プランテーションの奴隷主はもちろん白人男性ですし、19世紀を通じて展開された先住民討伐の戦争で主に戦ったのも白人男性です。19世紀前半までの合衆国には先住民が実効支配している地域がまだたくさんありましたが、それが19世紀末までに制圧されていきます。しかし、この先住民への暴力の歴史は長らくアメリカの歴史教科書に掲載されることはありませんでした（Q24参照）。「自由の国」アメリカの歴史は、非白人に対する圧倒的な暴力の歴史の忘却の上につくられているのです。

　「自由の国」の理念と暴力の遍在に連関があるように、当然のことながら、掲げられた「自由」や「平等」という理念自体にレイシズムが練り込まれていたのではないか、と近年の研究では問い直しが進んできています。では、次にBLM運動で脚光を浴びた「1619プロジェクト」に焦点をあててみましょう。

「1619プロジェクト」とはなにか？

　約400年前の「1619年」はどのような年でしょうか。あまりピンとこないと思いますが、日本は江戸時代で、二代将軍の徳川秀忠の時代にあたります。

　北米植民地の歴史では、1619年とはホワイト・ライオン号にて最初にアフリカ黒人が連れてこられた年で、奴隷制の長い歴史を考える起点となる年です。その400年後の2019年に『ニューヨーク・タイムズ』は特別号を出して、アメリカの歴史を独立宣言が出された1776年ではなく、1619年を起点に遡って問い直す必要があると主張して、議論がまき起こります。

　誌面では、「奴隷制の結果とブラック・アメリカンの貢献を、わたしたちの国民の物語の中心に位置づけて、歴史の枠組みをつくり直すことが目的」とされました。これまでのアメリカ史では、建国の礎となった自由・平等の理念と奴隷制との関係はパラドクス、矛盾したものとして描かれ、奴隷制は「異物」として扱われました。しかし、「1619プロジェクト」は、自由・平等の理念のなかに奴隷制は組みこまれ、レイシズムが練り込まれていたと主張します。

このアメリカ史の根幹を揺るがす歴史的問いかけは、賛否両論の論争の的となりました。ゼミでも議論を重ね、1619プロジェクトの歴史叙述の問題点も明らかになりましたが、やはり興味深い論点もあります。

繰り返しになりますが、アメリカの独立は、近代初の本格的な共和制国家の樹立であり、そこに導入された大統領制、人民主権、三権分立などは優れた制度設計であったと、教科書では学びます。たとえ、「すべての人間」の中に白人女性や黒人奴隷、先住民が入っていなかったと指摘されても、自由の国アメリカのナショナリズム（これは「シビック・ナショナリズム」といいます）は揺るぎません。しかし、よく目を凝らして、独立宣言や憲法を読んでみてください。憲法では「奴隷」や「奴隷制」の用語は巧妙に隠され、「自由人以外のすべての人々」などの婉曲的な表現に置き換えられています。奴隷制廃止が憲法で明文化される1865年の修正第13条ではじめて憲法史上「奴隷制」の語は登場するのですから、これまでの歴史叙述で、奴隷制が「異物」とされたのは仕方がなかったかもしれません。

しかし、実は1619プロジェクトの見方を擁護する「第二次奴隷制論」という研究潮流が登場しています。これは植民地時代（「第一次」）とは異なる、建国後の奴隷制を「第二次」と区分し、そこでは婉曲的な表現であれ奴隷制が憲法に組みこまれて国家的な制度となったのであり、親奴隷制の連邦政治が展開されたのだと主張します。

より具体的には、この親奴隷制の連邦政治は、南部奴隷主の大統領によって担われたということです。建国後の大統領は半世紀の間、第二代と第六代の大統領を除けば、全員が奴隷所有者であったことをご存じでしょうか。初代ワシントンは、ヴァージニア州のマウントバーノンに300名以上の奴隷を所有し、独立宣言の起草者ジェファソンは、同州モンティチェロに400人、その他の所有地をあわせると約600人の奴隷を所有していました。その他の大統領も100名を越える奴隷を所有する大農園主の顔を持っていました。

この奴隷制に依存した政治、連邦政治の中枢にかれらが居続けた時代の合衆国を「奴隷国家」「奴隷主国家」と呼ぶ研究が登場しているのですが、みなさんはどのように考えますか。（樋浦）

第3章　アメリカ編

Q19
奴隷制下で黒人たちはどのように闘ってきたの？

　Q18ではアメリカが建国時に掲げた理念とその矛盾について確認しましたが、ここでは具体的に奴隷制下の黒人たちの闘いについてみていきたいと思います。

　アメリカ史では、奴隷解放が達成される南北戦争が大きな分水嶺となっています。そのため、南北戦争の「戦前」の意味で1860年頃までをアンテベラム期、南北戦争の「戦後」の19世紀後半をポストベラム期と呼んで区分します。このQでは、植民地時代から建国後のアンテベラム期の黒人奴隷の歴史を扱い、かれらが奴隷制下でどのように闘ってきたのかを考えます。

　1619年にヴァージニア植民地のジェイムズタウンに最初の黒人たちが連れてこられたとき、まだ植民地に奴隷法は存在していませんでした。ヨーロッパからやってきた貧しい白人の年季奉公人と黒人たちは、ある時期までは一緒に強制労働に従事していました。しかし、17世紀後半にヴァージニアなどで黒人奴隷制への転換が進みます。白人の年季奉公人よりも使い勝手のいい黒人労働者を終身の世襲的な奴隷身分として制度化していったのです。植民地議会では、黒人女性奴隷の子は奴隷とする法律がつくられ、コラム7で詳述するように白人と黒人奴隷との結婚を禁止する異人種間結婚禁止の法体系がつくられ、奴隷制の基礎が固められていきます。アメリカのレイシズムはこれ以降、常に異人種間の恋愛・結婚を禁忌とするセクシュアリティの規制とセットで展開していきます。

　最初の恒久的植民地であるジェイムズタウンの建設から建国後の1808年に奴隷貿易が禁止され、南北戦争で奴隷制が解体されるまでの間に、合衆国に輸入された黒人奴隷（密輸入含む）は、せいぜい50万人余りです。しかし、建国当時に総人口の約2割、76万人であった黒人人口は自然増加し、奴隷貿易による新規受け入れなしでもやりくりできるほど奴隷人口は着実な伸びを見せ、南北戦争直前の1860年には約400万人にまで達しました。

　みなさんはハリエット・タブマンという名前を聞いたことがあるでしょう

96

か。映画『ハリエット』（2019年）をご覧になった方もいるかもしれません。奴隷たちの日常世界がどのようなものなのか。わたしたちの想像力には限界があるので、奴隷制に関連する映画やドラマをまずはいろいろと観ることから、知識を蓄(たくわ)えていくのはいい方法だと思います。全米を一世風靡(いっせいふうび)したテレビドラマ『ルーツ』は必見ですし、『それでも夜は明ける』『マンディンゴ』『アミスタッド』『バース・オブ・ネイション』（奴隷蜂起を起こしたナット・ターナーの伝記映画）『アメイジング・グレイス』（英奴隷貿易廃止運動に尽力したウィルバーフォースの活躍を描く）などがおすすめです。

　タブマンは、奴隷の逃亡を助ける秘密組織「地下鉄道」のメンバーとして、自ら奴隷州と自由州の往復を繰り返し、命がけで奴隷たちを救出した活動家です。トランプ大統領が計画を中断させてしまいましたが、アメリカの20ドル紙幣の新しい顔になる予定の人物です。「地下鉄道」運動は、組織的な逃亡奴隷支援の組織であり、全体としては南北戦争前までに7～10万人が北部に脱出したと推定されています。

黒人たちの抵抗文化

　では具体的に、黒人奴隷たちの日常生活とそこでの抵抗文化について見ていくことにします。黒人奴隷たちが奴隷制プランテーションで、どのような暮らしをし、日常的に暴力を振るわれていたのかについては、アメリカ社会史の膨大な先行研究があります。奴隷はプランテーション経済を支える重要な労働源であると同時に、貴重な財産でもありました。残された奴隷オークションの史料から奴隷価格の推移がわかっていますが、1850年代には耕作奴隷の場合、平均1500～2000ドルとかなりの高値がつきました。それゆえに、殺害や身体を傷つける懲罰は抑制され、奴隷の健康や出産にはそれなりの配慮が払われたといわれます。

　19世紀の南部白人社会はどんなところだったのでしょ

タブマンが採用される新20ドル紙幣のデザイン案

う。1850年を例にとると、人口618万人のうち、奴隷所有者の戸主はわずか35万人で、その家族を含めても白人全体の3分の1にすぎず、3分の2は奴隷をひとりも所有しない非奴隷所有階層でした。奴隷主のうち、奴隷所有数が1～4人の零細が約17.5万人で半数を占め、20人以上は3.6万人、100人以上の大農園主は南部全体で1700人ほど（奴隷所有者全体の0.4%）しかいません。

　黒人奴隷の大部分は、夜明けから日没まで働く耕作奴隷で、ほかには家内奴隷（召使、料理人、乳母、御者など）や職人奴隷（大工、鍛冶屋）などがいました。プランテーションでの日常は奴隷主やその家族との関係にもよりますが、小規模のほうが恩情的な関係が生まれやすく、大規模農園は労働管理のための白人監督がつき、奴隷集団からもリーダーが選ばれるなど階層関係が形成されました。

　厳しい労働環境にあって、奴隷化された人たちは罰せられないように気をつけながら日常的に抵抗を行いました。「無知を装う」のも具体的な方法のひとつでした。白人奴隷主に能力が低いと思わせることでなるべく仕事量を減らすことを狙いました。実際のかれらは学ぶ機会を積極的に求めており、白人奴隷主の子どもから読み書きを学んだり、見つからないように夜間学校に通ったりしました。

　また、サボタージュや仮病、食物を盗む、農具の破壊なども日常的な抵抗の形でした。黒人女性が望まない妊娠や出産を強いられた場合には、避妊薬草の使用や意図的な流産、また生まれた胎児を殺害することで抵抗したケースなどが知られています。奴隷主は奴隷同士の結婚を推奨していましたが、それは財産が増えるからであり、奴隷たちが従順になることを知っていたからです。ただ、近年の遺伝子検査を用いた現在のアフリカ系の遺伝子プールに関する調査によれば、想像以上に白人男性からの黒人女性に対する性暴力、望まぬ妊娠・出産が多かったことが証明されています。

　みなさんは、奴隷による抵抗といったら「脱走」を一番に思い浮かべるかもしれません。しかし、白人所有者による捜索や処罰も徹底的に行われたので、脱走は簡単ではありませんでした。「地下鉄道」の支援を受けて、自由州やカナダ、メキシコへの逃亡を成功させる者もいましたが、それは命がけの行為だったのです。

奴隷蜂起と奴隷制廃止運動

奴隷制が廃止されていく過程の研究では、これまでイギリス中心の国際的な奴隷貿易廃止運動の影響や連邦議会での共和党議員の動き、奴隷制廃止を求める各組織に焦点があてられる傾向にありました。しかし、黒人たちが奴隷の束縛から自らを解放する行為（self-emancipation）、黒人たちの主体的な奴隷解放に向けた動きに注目することも忘れてはなりません。前節では奴隷たちの生活世界での抵抗を見てきましたが、次に黒人たちが奴隷蜂起を起こした事例、奴隷制廃止運動に参加したケースなどを見てみましょう。

この時代には、18世紀末の奴隷蜂起に続き1804年に世界初の黒人共和国としてハイチが独立して以来、アメリカ南部、カリブ海域、南米では奴隷蜂起が多発しました。連邦議会でもめることなく、1808年に奴隷貿易廃止が決定したのは、国内で奴隷の自然増が期待できる状況にあったことに加え、同時代の奴隷の国際取引では、他地域で奴隷蜂起に参加した者が安く転売されるケースが多くあったからでもありました。アメリカ南部では、ハイチ革命や世界各地の奴隷蜂起の情報が国内の奴隷に伝わらないように情報統制を行っていましたが、さまざまな経路で奴隷解放の声は届いていました。イギリス領やフランス領での奴隷制廃止の動きはかれらの希望となったのです。

合衆国南部の奴隷蜂起で有名なのは、1811年にニューオリンズで起こったジャーマン・コースト蜂起です。首謀者とされたデスロンデスはハイチ生まれの奴隷監督で、カリブ海域の奴隷たちが多数いました。また、60人ほどの白人を男女子どもの区別なく殺害した、1831年のナット・ターナーの反乱は同時代最大の惨事として、南部の奴隷主を震撼させました。

他方、奴隷制廃止運動は19世紀に入ってから本格化しますが、多くは有力な白人によって組織されたものでした。1816年に設立されたアメリカ植民協会による「自由黒人」のアフリカ送還事業は、実は自由黒人の存在を恐れる白人奴隷主の声を反映したものでした。むしろ評価すべきは、ハリエット・タブマンやフレデリック・ダグラスなど、逃亡奴隷として自らの解放を達成した人たちの奴隷制廃止に向けての活躍でしょう。（古木）

第 3 章　アメリカ編

Q20
奴隷解放ってなんだったの？

　1963年8月28日、キング牧師がリンカン記念堂の前で行った「わたしには夢がある」演説に次のような言葉があります。「100年前、ある偉大なアメリカ人が、奴隷解放宣言に署名した。今われわれは、その人を象徴する坐像の前に立っている。……しかし100年をへた今日、黒人は依然として自由ではない。100年をへた今日、黒人の生活は、悲しいことに依然として人種隔離の手かせと人種差別の鎖によって縛られている。100年をへた今日、黒人は物質的繁栄という広大な海の真っ只中に浮かぶ、貧困という孤島に住んでいる」

　この演説の100年前、1863年の1月1日にリンカン大統領は本宣言として奴隷解放宣言を布告しました。キング牧師が嘆いたように、奴隷解放から100年たっても黒人が貧困に喘ぎ、白人と同じような市民としての自由を享受できなかった理由はなんだったのか。その理由を探るには、南北戦争の戦後処理や奴隷解放の評価に立ち戻らなければなりません。BLM運動でも、制度的レイシズムの解体に向けた議論のなかで、奴隷解放とはなんであったのかが問い直されています。このQでは、アメリカの奴隷解放とは世界史上、他地域のものと比較してどのように評価されるべきものなのかを考えてみたいと思います。

奴隷解放の波紋、黒人たちにとっての奴隷解放

　リンカン大統領は、南北戦争後になって「奴隷解放の父」として顕彰されることになります。しかし、残された演説から読み解けば、戦前から戦中に至るまで、奴隷解放にはずっと優柔不断な態度をとり続けていたことがわかります。リンカンが奴隷解放を躊躇していた理由はいくつもありましたが、ひとつには、リンカンの所属する共和党が地盤とした北部社会では反黒人感情が根強かったことがあり、レイシズムは南部社会よりも強いくらいでした。

100

実際、奴隷解放宣言が出され、戦争目的が「連邦維持のための戦争」から「奴隷解放のための戦争」へと変わると、アイルランド系の移民白人労働者を中心に奴隷解放のためには戦えないとして、1863年の7月にはニューヨークで大規模な暴動が引き起こされました。暴動は4日間にわたり、都市機能が完全に麻痺するほどでした。

この北部都市の混乱に拍車をかけたのは、北部民主党がしかけた黒人嫌悪の感情に訴える広報でした。同年につくられた『人種混交』（Miscegenation）の小冊子は、共和党の選挙応援文書のふりをしつつ、戦争は「白人と黒人の混交を進めるための戦争」だとし、「共和党は党綱領に人種混交奨励を盛り込むべき」だと謳っていました。つまり、北部の反黒人感情、人種混交を嫌う感情を煽って、共和党にダメージを与えようとしたメディア戦略が奏功したのです。

また、もうひとつの理由は、奴隷が憲法解釈上は、自然権を持つ人間ではなく私有財産として見なされていたので、その解放は憲法で保障された財産権の侵害となる恐れがあったからです。仮に奴隷1人を100ドルと換算しても、400万人の解放となれば4億ドルの私有財産の没収となり、これは1860年の国民総生産に匹敵したのです。

ですが、リンカンを説得し、奴隷解放宣言発出の後押しをしたのは共和党急進派の議員たちでした。リンカンら共和党穏健派の議員たちは、奴隷解放の見返りに南部白人の奴隷所有者に対して有償の手当をする「有償解放」や、解放した黒人を海外へと植民させる計画などを検討していましたが、それらを急進派の議員は非人道的、非現実的だと批判しました。急進派は大統領に対して奴隷解放を人道主義的立場からではなく、軍事的に必要な手段として布告すべきだと進言し、最終的にはその提案をリンカンが受け入れたのです。

1863年1月1日を、黒人たちは歓喜とともに迎えました。奴隷制度廃止運動家のフレデリック・ダグラスはのちに、奴隷解放宣言の記念日は「アメリカの暦のなかで最も記念すべき祝日になるだろう」と予言しました。

共和党急進派に近い画家トマス・ナストが描いた風刺画をご覧ください。左側に南部連合下で奴隷たちが虐げられていた過去、右側に奴隷解放後の未来が書き込まれています。やや楽観的すぎる未来予想図ではありますが、解

放された黒人らにとっての「自由」とは、法律が定める権利保障とは別に、奴隷制がかれらに強いてきた無数の不正行為——鞭打ちの罰、奴隷オークションによる家族の分断、教育の機会の剝奪、黒人女性の性的搾取——からの解放を意味しました。

戦後、解放された黒人たちが最初にやったことは、夫や妻、子どもらを捜すため長い旅にでることでした。その数は数万人にのぼったとされます。奴隷制の時代には、正規の結婚制度の枠外におかれて、家族を守ることができなかった黒人たちが、断片的な情報をもとに、いくつもの州を回って家族を捜したのです。

南北戦争の戦後処理の時代である「再建期」（Reconstruction）に、ナストが予想した「自由」は次々と実現していきました。1865年の憲法修正第13条でまず奴隷制廃止が明文化されると、同年には解放民局が設置され、解放民たちへの食糧支援、医療活動、教育活動が行われます。この支援のおかげで、解放民は餓死することなく救われ、また黒人向け教育活動で四千以上の学校が設立され、奴隷制時代に禁止されていた読み書き教育がスタートします。これが南部における黒人向けの公教育制度の礎となっていきます。

リンカン暗殺後に政権についたジョンソン大統領の反動的な政策で、南部には黒人取締法（ブラック・コード）がつくられ、解放民の「自由」の統制が試みられますが、共和党急進派主導の議会は市民権法（1866年）を制定して、合衆国市民の基本的権利である契約権や訴訟権、法のもとの平等、幸福追求権、財産権などについて、「人種や肌の色、過去の隷属の状態などに関係なく」それらを連邦政府が保証する法律を制定しました。こうして黒人たちは市民としての「自由」を勝ち取っていったのです。

さらに、市民権法を憲法に組みこむ目的で憲法修正第14条が制定され、以後、マイノリティが州法の差別立法に抗う強力な武器を手に入れます。また、1870年に

「ニグロたちの解放、1863年1月——過去と未来」
（Harper's Weekly 1863年1月24日）

は憲法修正第15条が制定され、アメリカ市民の投票権は、「人種や肌の色、過去の隷属の状態」を理由に、州によって否定されてはならないことが定められます。

「奴隷解放」の「自由」の物語の限界

こうして、黒人たちは奴隷解放の結果として、戦前では考えられなかった大きな「自由」を手に入れました。では、どうして奴隷解放から100年たっても黒人の地位は低く「貧困の孤島」に取り残されていたのでしょうか。たしかにプランテーションに縛られた生活から解放され、移動の自由を得て、家族を再結集させて最低限の「自由」は得られたかもしれません。でも、そうした「自由以外になにもなし」の状態で放り出されたらどうでしょう。新しい生活を支えてくれる経済的支援がなければ、社会的上昇を果たすことなどできるはずもありません。それが共和党の解放民支援の限界だったのです。

19世紀には、世界各地で奴隷解放が実現していきましたが、ほぼすべてのケースで、解放後に元奴隷には金銭的補償はなされず、元奴隷所有者にのみ手厚い金銭的補償がなされました。その損失補填額は莫大な金額です（コラム3参照）。アメリカの奴隷解放は、他国と比較すると、元奴隷所有者への有償の手当がなかった点が特徴的です。また、共和党急進派が南部改革のために白人の土地を没収、分配して、黒人たちを自営農とする案を作成していました。黒人たちは「40エーカーの土地と一頭のラバ」が補償されることを期待しましたが、それが実現することはありませんでした。

結局、解放民は生活のために農場主たちと労働契約を結び、土地に縛られ、経済的にも搾取される生活に戻っていきました。その後の人種隔離の時代にも黒人の経済的搾取は続き、白人至上主義と資本主義が結びついた人種資本主義が猛威を振るうことになりました。

戦後の再建期に経済支援が実現していたら、その後の黒人の歩む歴史は変わっていたのではないでしょうか。最新の研究では、奴隷制時代に黒人たちが労働搾取された額は6兆〜100兆ドルに達すると試算されています。みなさんは、どのように考えますか。（宍倉）

第 3 章　アメリカ編

Q21
公民権運動で人種差別が
終わらなかったのはどうして？

　前のQでは、黒人の貧困、不自由の理由を公民権運動の100年前、南北戦争時の奴隷解放にまでさかのぼって問い直しました。でもBLM運動を目撃したわたしたちは、では「公民権運動で人種差別が終わらなかったのはどうして？」とさらなる疑問を抱かざるをえません。

　1964年の公民権法では、公共施設の利用や公教育において「人種、肌の色、宗教そして出身国を理由とする」差別ないし分離は違法とされ、1965年の投票権法では、州の投票登録の実務において差別があった場合には、司法長官が是正のための介入を行うこととなりました。

　公共空間における人種差別が禁止された点で、公民権運動には大きな意義がありました。しかし、公民権運動は南部諸州の地方自治のもとに放置されてきた人種隔離と黒人投票権剝奪の問題に焦点を絞り込んでいたために、限界があったのです。実際、ジョンソン大統領が投票権法に署名してまもなく、カリフォルニア州のワッツ地区で暴動（ワッツ暴動）が起こり、その後の5年間で500件以上の都市暴動が起きました。

　その後の活動はブラックパワー運動として北部都市へと闘争の場を移して、黒人たちを苦境に追いやる社会構造である制度的レイシズムの解体に向けて動き出しました。制度的レイシズムについては第1章Q1でも解説しましたが、具体的には住宅や雇用、医療、教育、司法などの「制度」のなかにレイシズムが織り込まれていて、その制度ゆえに社会的弱者は決定的に不利な状況に追い込まれることになります。

　公民権運動後の運動は、制度的レイシズムの解体を視野に入れたものとなり、また新たに台頭したカラーブラインド・レイシズムとの対峙を余儀なくされました。それゆえに、公民権運動の成果は、アメリカ社会におけるレイシズム解体の通過点にすぎなかったのです。

104

公民権運動が及ぼした影響

　ここからは公民権運動後の差別にかかわる動きについて詳しく見ていきたいと思います。公民権運動によって、表向きには黒人の権利が伸展しました。しかし、これまで不当な制度のなかで差別されてきた人々の権利を保障するには不十分であるとされ、「補償的措置」としてアファーマティブ・アクション（以下、AAと略記）が実施されることになります。

　AAは、1960年代末から70年代末にかけて段階的に推し進められ、雇用や教育面において黒人や女性などのマイノリティに対する積極的差別是正措置がとられるようになりました。こうして黒人たちの雇用や教育機会が拡大したと同時に、黒人のなかでも主に中産階級の人々の地位が高まりました。しかし、それは黒人のうち一部の富裕層に恩恵をもたらしたにすぎず、「アンダークラス」と呼ばれる、さらに不利な立場に置かれた人々の救済には効果が見られませんでした。

　他方、白人多数派社会の既得権益を守ろうとする動きが顕著になり、AAは「逆差別」だとする白人からの批判が高まりました。この「逆差別」という考えが一般的にも普及する契機となったのがバッキ判決です。これは、大学院の入学試験に不合格となった白人男性が、大学が定員枠にマイノリティ枠を設けていたことは白人志願者に対する逆差別であるとして訴え、最高裁が憲法における個人の機会の平等を無視しているとしてこの訴えを認めたものです。これ以降、いくつかの判決で逆差別が認定されたり、のちにカリフォルニア州など州民投票でAAを廃止する州もでてきたりして、AAに対する否定的な風潮が強まっていきました。

　ポスト公民権運動期のレイシズムの理解のためには、「カラーブラインド」という考え方を知ることが大切です。カラーブラインドは、人種はつくられたものであり実際には存在しないことを前提として、あらゆる人種による区別を認めず、すべての人間をその人が個人として持っている性質や能力で評価すべきとする主張です。この考えでは、肌の色などで人種を認識すること自体が差別の一種とみなされるため、人種にまつわる排除や不平等の経験を

105

語れなくなってしまいます。当然、AAの考え方とは相反するものと言えます。これは、キング牧師もかつて主張していたように「分離すれども平等」という当時支配的であった風潮に立ち向かううえでは意義のあるものでしたが、その一方でレイシズム的思考を後押しする危険性を秘めており、白人としての優位性を保つ手段としてもしばしば用いられています。

　カラーブラインドに基づくと、アメリカ社会における格差は人種ではなく、各個人の能力や努力、文化の差によるものであり、不平等や貧困の状態にある人々を目にしたとしても、その人に何らかの生物学的もしくは文化的欠陥があるためだとして、差別を被っている人自身に責任を負わせることとなります。「貧困の文化論」でも同じような指摘ができます。貧困者がその生活習慣や世界観によって貧困生活を次の世代に受け継ぐことによって格差が再生産されているとする、「貧困の文化」論は、不平等の責任をアンダークラスの人々自身に押し付けている代表的な考え方だと言えます。

　しかし、実際は黒人などマイノリティにとって個人の努力では不平等を解消することができない社会構造、制度的レイシズムの壁があります。大学を卒業していても黒人男性の失業者数は白人男性の2倍、ヒスパニック男性の場合は60％〜70％、アジア系男性の場合は13％多いことや、高い地位の職種は白人が独占していることによって収入においても大卒の黒人と大卒の白人の間の格差が拡大していることはこの事実を裏付けていると言えます。黒人がいくら努力をしても貧困や差別から脱することができない現状には、アメリカ社会に浸透している構造的レイシズムが大きくかかわっています。構造的レイシズムとは、政治のあり方や法制度などから生じたルールや習慣によって起こる差別を指します。

　具体例として、レッドライニングをあげましょう。これは、金融機関が低所得層の黒人が居住する地域を赤線で囲み、融資対象から除外する法律であり、違法とされた後も当時不利益を被った人々の子孫が貧困の連鎖に苦しむこととなりました。このようにアメリカ政治が白人中心主義に基づいていたため、社会システム全体が白人に有利になるように構築されており、有色人が得られる機会は制限されてきました。今も目に見えない形で人種間不平等が残っていることによって、富や職業上の地位などにおける人種間格差が生

じているのです。カラーブラインドの考え方は、こうした社会構造に基づく不平等の発生原因について深く理解せぬまま個人の責任を問うことによって人種差別の現実を見えにくくすることにつながり、かえって差別を助長させる結果となりかねません。

多くの白人の間に未だネガティブな人種意識が根づいていることも忘れてはいけません。自分では人種を意識していないと思っていても、日常的に差別語を用いていたり黒人に関するさまざまな固定観念を信じたりしている白人が多く存在します。この白人の有色人に対する偏見はメディアを通して構築されてきました。ニュース報道で麻薬中毒者や生活保護に頼る貧困層として黒人居住区が集中的に取りあげられることで、否定的なステレオタイプの黒人像が普及するのです。人種偏見はメディアを通して日常的に培われており、就職市場において能力があっても有色人求職者の排除が行われたり、職場において黒人は白人に比べてミスを指摘されやすかったりなどとさまざまな場面でレイシズムにつながっています。

差別を終わらせるために

公民権運動後のアメリカ社会は、制度的レイシズムを解体し、カラーブラインドを乗り越えることを目指してきました。BLM運動であらためてこの課題に取り組まなければならなかったということは、克服することがそう簡単な問題ではないということです。カラーブラインド・レイシズムの問題は、人種という概念自体を否定することによって、反レイシズムの運動の土台を奪ってしまうことにあります。「人種」は社会的につくられたものであり、「人種」は存在しないということは第二次世界大戦後の国連を中心とした反レイシズムの運動のなかで主張されてきたことです。でも「人種」はなくても、レイシズムはあるのです。「人種」は存在しないものの、人種に基づいて不平等を被っている人々の現状を理解して、自分自身が人種的な偏見を持っていないかを問い正すこと、これが差別を解消し平等を実現するための鍵となるのではないでしょうか。（辻）

第3章　アメリカ編

Q22
BLMってなに？

　BLMとはBlack lives Matterの略のことで、日本語では「黒人の命も大事だ」もしくは「黒人の命を粗末にするな」などと訳されます。これはアメリカ社会に蔓延する黒人に対する構造的な人種差別の廃絶を訴える社会的スローガンとして、主にSNS上で広まりました。人種的正義と社会変革を求めたこの運動は、スローガンにちなんでBLM運動と呼ばれています。

　2020年5月、ミネソタ州ミネアポリスで黒人男性のジョージ・フロイドさんが白人警察官によって首を押さえつけられ、窒息して亡くなりました。みなさんもニュースで聞いたことがあるのではないでしょうか。またこの事件に対する抗議運動としてBLM運動が注目され世界中に広まったため、BLM運動は突然巻き起こった新しい運動だという印象を持っている人も多いかもしれません。しかし実はBLM運動はそれ以前から存在する運動であり、アメリカ社会における黒人の歴史に深く関係しています。

BLM運動の誕生

　BLM運動誕生のきっかけとなったのはひとりの黒人青年が殺害された事件です。2012年2月、フロリダ州のサンフォードにおいて、当時17歳だったアフリカン・アメリカンのトレイヴォン・マーティンくんが射殺されました。犯人はジョージ・ジマーマンというヒスパニック系の自警団の男で、彼はパーカーを着て道を歩いていたマーティンくんを不審人物とみなして警察に通報しました。警察は彼に尾行の必要はないと伝えましたが、このアドバイスを聞き入れなかったジマーマンはその後マーティンくんとの間で口論を引き起こし、彼を殺害しました。しかしジマーマンは正当防衛であったと判断され、身柄が拘束された日の深夜には釈放されました。

　この事件をめぐり、アメリカではジマーマンの有罪を求める声が沸き起こり、多くの抗議運動が生まれました。ジマーマンが警察との電話で「怪しい

108

Q22 BLMってなに？

人間がいる」「黒人だ」などと話していたことから、マーティンくんが黒人であったことが殺害の大きな背景にあると考えられたためです。特に「パーカーのフードを被っている黒人男性」は暴力的犯罪者であるという差別的な人種プロファイリングが注目され、フード付きパーカーが抗議運動の象徴となりました。

多くの議論が交わされるなか、ジマーマンの裁判が2013年6月に開始されます。争点はこの殺害が正当防衛であったかどうかでした。というのもフロリダ州では殺されるという恐怖を感じただけで手段を問わず反撃することが正当防衛と見なされる法律が存在したのです。そして7月13日、ジマーマンに無罪判決が下されました。

この判決を受け、ひとりの黒人女性がフェイスブックにこう綴りました。「I continue to be surprised at how little Black lives matter」（黒人の命がいかに軽視されているか幾度となく思い知らされている）、「Our lives matter」（わたしたちの命も大事だ）。この投稿をしたのはアリシア・ガーザという黒人女性活動家です。黒人が白人警官や自警団に殺され無罪とされた事例は過去にも多く存在していましたが、それが繰り返され黒人の若い命がまたもや軽んじられたことに彼女は激しい怒りを感じ、こう投稿しました。これを受けて同じく黒人女性活動家のパトリース・カーン＝カラーズが「#BlackLivesMatter」というハッシュタグにしてツイッターに投稿し、人種差別反対運動のスローガンとして広がりました。

しかし事件は続きます。2014年8月、ミズーリ州ファーガソンで武器をなにも身に着けていなかった黒人青年マイケル・ブラウンさんが白人警官に銃で撃たれて亡くなり、その後、彼の亡骸は道路に数時間以上放置されました。この人間性を無視した出来事は「白人にとって黒人の命は取るに足らないもので

今でもアメリカの街中では、ジョージ・フロイドの似顔絵や彼が警察官に押さえつけられていたときに何度も口にした「I can't breathe（息ができない）」という言葉を見つけることができる（筆者撮影・カリフォルニア州）。

109

ある」という印象を人々に強く与えました。また冒頭で触れた通り、2020年5月には黒人男性のジョージ・フロイドさんが白人警官によって首を押さえつけられて、亡くなっています。BLM運動のさなかに幾度となく発生した白人や警察による黒人殺害は、アメリカ社会においていかに黒人が犯罪と結びつけられ、また命を軽んじられてきたかを明確に示しました。BLM運動は、個別の事件を糾弾する運動にとどまらず、構造的に黒人を犯罪者に仕立て上げ収監する懲罰的な司法体系（Q23参照）や人種による搾取を行うことで経済的な恩恵を享受してきた人種資本主義的な社会そのものに対する抗議運動だったのです。

BLM運動からわたしたちが学ぶこと

これまでに見てきたように、BLM運動以前にも黒人たちは絶え間なく人種的不平等を糾弾してきました。そしてその成果として、公民権運動をへて1964年には公民権法が成立したり、2009年には初の黒人大統領であるバラク・オバマ大統領が誕生したりと、人種的な不平等は少しずつ解消されて来ているようにも感じられます。実際に2012年当時のアメリカ社会では、「差別は解決した」とするポスト人種論が白人を中心に広がっていました。しかしそれは大きな誤りであり、現実には黒人たちは貧困や逮捕および収監、殺害といった社会全体からの差別に絶えずさらされています。このポスト人種論的な認識と現実とのギャップは、見えにくい社会構造に組み込まれたレイシズムを摘発する必要性を示し、また「声を上げないと人種差別を容認・加担してしまう」というBLM運動特有のメッセージを生み出しました。

BLM運動の特徴はそれだけではありません。この運動は、黒人女性とブラック・フェミニズム（黒人女性たちが自身の解放のために培ってきた思想と運動）が運動のあり方を規定したという点でもそれ以前の黒人による運動とは異なります。これまでの黒人運動はほぼすべて黒人男性が中心となって行われてきました。例えば公民権運動においてリーダーとして注目されたのはキング牧師ら黒人男性でした。また黒人女性も懲罰的な法体系や構造的なレイシズムの被害者となっていたにもかかわらず、問題であるとして取り上げ

られるのは決まって黒人男性被害者ばかりでした。しかしBLM運動では、創始者が3名の黒人女性（クィアを含む）であったように、黒人女性たちの独自の視線が運動に大きな影響を及ぼしています。彼女たちは黒人に対する人種差別に抗議すると同時に、黒人コミュニティにおいて女性が不可視化される社会構造にも疑問を呈したのです。黒人の解放のためには「人種資本主義や帝国主義、そして家父長主義がつくり上げた社会・政治構造そのものの打破」が必要であるという非常に交差的な彼女たちの視点（コラム6参照）は多様な背景を持つ人々の連帯を可能にし、黒人のみならず有色人種や白人までも取り込む非常に幅広い運動としてBLM運動を形作ったのです。

　またBLM運動のスローガンのひとつとなった「つべこべ言わずにブラック」（Unapologetically Black）という言葉も、白人的な言動や社会的地位を目指すというこれまでの黒人の地位向上のあり方を否定し、黒人であることに誇りを持って立ち上がるという新たな方向性を示しました。つまり例えば黒人が貧困であることを恥じて富むことを目指すのではなく、黒人が貧困に陥った原因である社会的背景を直視しその構造的な差別に抗うことが目指されたのです。この言葉は同時に黒人たちが独自の歴史－大西洋奴隷貿易や奴隷制、人種隔離政策など－を耐え抜いて培ってきた黒人性と解放の精神を尊重し、他の人種の経験と混同させないという想いも含まれています。

　ここまで見ると、BLM運動が単に黒人の人権に焦点を当てただけではない非常に幅広い運動であることがわかります。この運動が持つメッセージは世界中の人々に大きな影響を及ぼしており、わたしたちも例外ではありません。日本に暮らす人たちの中には、ふだん人種というものに無自覚に生活をしている人も多いかもしれません。しかしそれは必ずしも日本に人種的な問題や不平等が存在しないということを意味してはいないはずです。小さなことでも現状に疑問を持ち、隠された不平等を直視し、そして声を上げていくことの重要性をこの運動は指し示してくれているのです。（河畑）

コラム 6

インターセクショナリティ

　Q22で指摘したように、BLM運動では黒人女性やクィアの人々が運動の主たる担い手となりました。運動の中心となった彼女たちは黒人として、女性として、性的マイノリティとして幾重もの差別を経験しており、彼女たち独自の視点は運動に大きな影響を与えたのです。社会的な不正義や権力構造を人種、ジェンダー、階級、エスニシティ、セクシュアリティといったいくつもの要素が複雑に絡まって生まれたものとして捉えるこの枠組みは、インターセクショナリティ（交差性）と呼ばれ、近年大きな注目を浴びています。この用語を提唱したキンバリー・クレンショーは、1989年に発表した論文のなかで以下のように述べました。

> 黒人女性は、ときに白人女性が経験するのと同様の仕方で差別を経験する。またときに、黒人男性と非常に似た経験を持つ。だが別の場合には、黒人女性は二重の差別を被る。つまり、人種に基づく差別と、性に基づく差別が結びついた実践の影響を被る。そしてときには、黒人女性として差別を経験する。つまり、人種差別と性差別の総和ではなく、黒人女性としてである。

　彼女がここで指し示しているのは、それぞれの差別を切り離して扱うことは両者が結びついて生じる不平等を覆い隠してしまうということであり、二重の差別という理解を一歩進めた概念であることがわかります。つまり、まず黒人差別を克服し、そして次に女性差別を克服するといった発想では、複雑に絡み合った不平等を克服できないのです。白人女性中心のフェミニズムや黒人男性中心の人権運動に対抗する文脈で黒人女性たちが生み出してきたこの概念は、彼女たちを解放する社会を創造するための知的資源となりました。

さらに重要なのは、この概念が黒人女性のみならず、さまざまな属性の人を救う枠組みとして機能する可能性があることです。クレンショーは同論文において、以下のようにも述べています。

　　この活動の目標は、「彼女たちが入れば、私たち全員が入ることができる」と彼女たちに向かって言うことのできる、周縁化された集団の包摂を促進することであるべきだ。

　周縁化とは、物事の中心から疎外し、追いやることを指します。インターセクショナリティはさまざまな属性やアイデンティティを結びつけて社会的不平等や権力構造を理解する枠組みであり、人種やジェンダー、階級、民族、年齢、性的指向・性自認、国籍、宗教、障がいの有無など、さまざまな差異に基づく不利や差別はそれぞれが独立して存在しているのではなく、重層的に相互に規定し合っており、そのパターンも文脈によって多様であることを表します。それゆえに周縁化されてきた人々が連帯して運動を起こすことを推し進めました。これまで疎外されていた黒人で性的マイノリティ女性たちが中心に据えられた人種的平等と社会変革を目指すBLM運動が、黒人の男女や有色人種の人々のみならず貧困層そして白人をも取り込む幅広い運動となったのも、この文脈で理解することができるのです。
　ただ、この交差性ブームは「多様性」や「包摂」と同義と紹介されるなど、流行語として誤用されるケースも多いので注意が必要です。BLM運動の創始者のひとり、アリシア・ガーザが指摘しているように、「誰も取り残されない」ためのものであるインターセクショナリティの思想は、人々の抑圧に甲乙をつける「抑圧のオリンピック」を排除し、忘れ去られた人々の存在を可視化することで、「変化のためのロードマップ」を示しているのです。この概念がBLM運動の中でどのように実践されたのか、ガーザの著作『世界を動かす変革の力』から読み解いてみてはいかがでしょうか。（河畑）

コラム 7

アメリカの異人種間結婚

　日本のテレビCMに「結婚しなくても幸せになれるこの時代に、わたしは、あなたと結婚したいのです」なんてキャッチコピーがあったのをみなさんは覚えていますか。愛し合う二人の幸せの形は必ずしも結婚とは限りませんが、代々対立する両家の争いを背景にした『ロミオとジュリエット』の恋愛悲劇しかり、愛し合う二人の恋愛・結婚を阻む障壁がない時代などありません。アメリカでは、2013年に最高裁が結婚を男女間のものと定めた「結婚保護法」の条項を違憲と判断し、同性婚への道が切り拓かれました。2022年の年末にはこの最高裁判決が覆されることのないように、連邦議会で「結婚尊重法」が可決しました。ジョー・バイデン大統領は、「この法律はあなたが誰であろうと、誰を愛していようと、すべてのアメリカ人にとって重要なのです。保守かリベラルかは問題ではないのです」と語りました。

　本書が探究してきたレイシズムに関していうと、アメリカには自分とは異なる人種のパートナーとの恋愛・結婚が州法で禁止された「異人種間結婚禁止法」(anti-miscegenation laws) の法体系が長らく存続したことをご存じでしょうか。これらの法体系はなぜ作られ、300年以上続いたのでしょうか。

　最初の異人種間結婚禁止法の制定は植民地時代にまで遡れます。1660年代にはヴァージニアとメリーランドの両植民地で白人と黒人（および混血）の奴隷、白人年季契約奉公人との結婚を制限する法律ができ、1664年にはメリーランドが異人種間結婚を犯罪としました。同法が制定された理由は、白人と黒人の結託を阻止して両人種の離間を進め、奴隷制を強固なものとするためでした。奴隷女性の生産性を上げ、白人女性の純潔を守る意義も強調されました。

　合衆国建国後も、植民地時代の法体系はそのまま維持されました。西部開拓で領土が拡大すると、黒人人口が少ないにもかかわらず、西部諸州でも同じ法体系が作られ、新たにアジア系との結婚禁止の条項が追加されました。

南北戦争で奴隷制が解体されると、かえって解放された黒人と白人との結婚の機会が増えることが危惧されたため、各州での法体系は強化されていきます。20世紀初頭には、南部の人種隔離、優生学運動や科学的人種論の隆盛、黒人男性が白人女性をレイプするなどのデマによる恐怖により法律は厳格化していきました。

　第二次世界大戦の終了時で、全米で30州が法体系を維持していましたが、世界各地の戦地から多くの兵士たちが現地の女性と結婚し帰還するに至り、各州の法体系が揺らぎ始めます。1945年に戦争花嫁法が制定され、47年には日本からの女性たちも対象に加わりました。こうした兵士の帰還の動きに合わせて、1948年にはカリフォルニア州がペレス判決でこの結婚禁止法を違憲とし、これを皮切りに西部や北部で同法が撤廃されていきます。

　最後までこの法体系が残ったのは、レイシズムの激しい南部諸州で、その撤廃には公民権運動の隆盛を待たなければなりませんでした。1967年に連邦最高裁は、ラヴィング判決にてヴァージニア州法が憲法修正第14条に違反するとの判決を下し、その後南部16州では時間をかけて同法が撤廃されていきました。

　白人と黒人の自由な恋愛・結婚を禁止したこの法体系は、ある意味で、セクシュアリティの規制と一体となったアメリカのレイシズムを象徴しているように思います。この法体系がどれほど日常におけるレイシズム、白人と有色人種の離間をつくり出したのでしょうか。オバマ元大統領の母は白人、父は黒人ですが、両者が出会ったのが禁止法の存在しないハワイ州でなかったら、かれらは結婚もできなかったわけですし、のちの大統領が生まれることもなかったのです。（樋浦）

第3章　アメリカ編

Q23
黒人は悪いことをするから
差別されるんじゃないの？

黒人は白人より犯罪率が高いのはどうして？

みなさんは「黒人は怖い」とか「黒人は粗暴だ」というイメージを抱いたことはないでしょうか。もしこうしたイメージを持っていたとしても、それは「ある意味」では自然なことと言えるかもしれません。歴史的に「黒人」とされた人々は「暴力」「レイプ」「麻薬」などのイメージと結びつけられてきたためです。

しかし、それは「黒人」が本当に危険な人たちだったからではありません。「白人」支配者層は、かれらを危険な人たちだとみなすことによって、奴隷として、あるいは犯罪者＝囚人労働力として管理したり搾取したりしてきたのです。

データを見てみましょう。グラフ1は、人種別の人口10万人あたり何人が収監されているかを示しています。このグラフを見ると、確かに、「黒人」の数値が高くなっています。しかし、実は「黒人」のなかでも、収監されている人に偏りが存在しています。女性より男性、中高年層より若年層、地方より都市部、高学歴より低学歴の黒人が逮捕されているのです。

つまり、アメリカ社会には特定の黒人が犯罪に手を染めざるをえない構造や、犯罪をおかしているように見せかける差別が存在するのです。

本書ではすでに、第3章のQ21とQ22を通じて、公民権

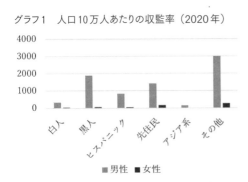

グラフ1　人口10万人あたりの収監率（2020年）

■男性　■女性

法以降も構造的レイシズムという形をとって黒人差別が存続したこと、BLM運動はこの差別構造にメスを入れたことを確認してきました。このQでは、犯罪という切り口から現代アメリカに残された差別と、それに抗う運動を紹介したいと思います。

形を変えて残る人種差別

時代は1960年代に遡ります。公民権法が成立されて以降、「黒人」は法的には平等を達成しました。しかし、それまでの歴史的な不平等の結果として、貧困状態は大きくは改善されませんでした。アファーマティブ・アクション（Q21参照）が実施され、一部の黒人ミドルクラスが上昇を果たした一方で、多くの黒人は依然として貧しいままでした。

60年代にはカウンターカルチャーが流行します。それは、主流の音楽やファッションといった文化、黒人差別や性的マイノリティの抑圧などの既存の価値観に疑問を呈し、同時にマリファナやLSDといった薬物の流行を促しました。1970年代以降、オイルショックなどの不況が重なって都市産業が空洞化し、立場の弱い都市の黒人労働者は大量に失業してしまいます。こうした状況下で、失業した貧困層を中心に都市スラムでは麻薬取引やその他の犯罪行為が横行するようになります。貧困層に黒人が多かったために黒人コミュニティ＝「薬物の温床」というイメージも定着してしまいました。

この状況を利用して、1971年、ニクソン大統領は「麻薬との戦争」というスローガンのもと国内外での麻薬流通の撲滅に着手します。治安の向上という聞こえのいい言葉が有権者に支持されたのです。テレビや新聞も犯罪の危険を煽ることで、「麻薬戦争」を後押ししました。この頃からアメリカの収監者数は急激に増大し始めます。

このとき、重点的に捜査されたのは、黒人が多く居住する地区ばかりでした。黒人コミュニティが「薬物の温床」イメージと結びついた背景はすでに説明した通りです。歴史的に、コントロールできない存在、犯罪者、レイプ魔といったイメージと結びつけられていた「黒人」は、今度は麻薬中毒、薬物の売人というイメージと重ねられたのです。そうしてかれらは、不当に逮

117

捕され、取り調べを受け（人種プロファイリング）、その過程で暴力を受けたり殺害されたりしました。

　アメリカでは一部の監獄が民営化されていますが、1980年代、民営化されている監獄で、囚人による労働が認められるようになりました。監獄をつくることは、過疎地を再開発し、大量の雇用と消費を生みます。労働者としての囚人は、労働組合に加入できず、一般的な保険料の支払いもない安価な労働力にもなりました。監獄は、地域から歓迎され、安くモノをつくりたい多国籍企業にとって格好の工場となりました。

　レーガン、ブッシュと歴代大統領が「小さな政府」を推し進め、自由な競争で経済を活発化するために税金を減らし、さまざまな部門の予算を縮小するなかでも、警察や司法の予算は拡大され続けました。そして予算とともに囚人の数も増えていったのです。巨大な利益の源泉となった監獄を維持するためにはより多くの囚人が必要だったからです。政治やメディアは人々に凶悪犯罪への恐怖を煽り、取り調べの厳格化や罰則の厳罰化が必要であるかのように思わせました。監獄を通じて、政治やメディア、企業の利害が一致し、癒着するさまは「産獄複合体」とも呼ばれています。

　例えば、このときに厳罰化されたクラック・コカインは、黒人がよく使う薬物だとされていました。カラーブラインドな「麻薬との戦争」というスローガンのもとで、実態としては「黒人」が、より多く、より長く監獄に送られ、安価な労働力として使役されてきました。

　アメリカの大量収監は90年代まで増加の一途を辿っていましたが、治安の向上にはつながりませんでした。さらに、黒人男性ばかりが収監されることで、家庭が崩壊し、働き手を失うことで貧困が再生産されました。監獄ビジネスは、安価な労働力として主に黒人を使う点で現代の奴隷制である、と非難されてもいます。

変化の兆しとわたしたち

　黒人の犯罪が多い理由が「黒人が悪いから」ではないことはもうおわかりいただけたのではないかと思います。アメリカの人種別の収監率に見られる

偏りは、歴史的な差別の帰結であり、差別が現在も決して解決されていないことのひとつの証左でもあります。

BLM運動は、黒人が取り調べで不当に命を落とす差別、黒人ばかりが逮捕される不平等、人種プロファイリングに対する広範な抵抗活動でした。2020年のBLM運動以降、アメリカでは連邦規模で暴力的な捜査を規制する警察改革が進められました。黒人を殺害した白人警官に対する有罪判決も出ました。あらためて、マイノリティを貧困に陥れている構造的レイシズムの問題も浮き彫りになりました。現代に残る監獄という人種差別に対する見直しも始まっているのです。

実は、こうした問題に、日本に住むわたしたちも無関係ではいられません。第1章のQ5では、外国人とりわけ移民が、犯罪を持ち込むものとされて拒絶されてきた歴史を扱いました。移民受け入れは極端に制限され、「不法」移民が劣悪な環境で長期間収容されています。人種プロファイリングは日本の警察でも行われています。「外国人」のような見た目の人は、そうでない人と比べて頻繁に職務質問を受けているのです。

アメリカにおける大量収監は90年代をピークに頭打ちになっています。しかし、依然として世界の囚人の実に5分の1がアメリカにいるといわれています。「黒人」は奴隷制度の時代から今日まで、安価な労働力としてさまざまな方法で搾取されてきました。監獄制度は今日の差別のひとつの表れです。BLM運動以降、こうした警察のあり方や、依然として続く差別の構造に対する批判や見直しが高まっています。アメリカにおける差別の形とそれにどう取り組んできたのかには、日本にいるわたしたちにも、学べるところがあるのではないでしょうか。（大野）

第3章　アメリカ編

Q24
先住民はなにを奪われてきたの？

　第3章のQの多くはアメリカに移住してきた人々について取り上げています。では、アメリカ大陸にもともと住んでいた人にまつわる問題はあるのでしょうか。

　ヨーロッパ人たちが上陸する前にアメリカに住んでいた人々のことを先住民、ネイティブ・アメリカンなどと呼びます。先住民というと、ひとつのコミュニティのように思えてしまいますが、先住民は部族社会であり、それぞれの部族特有の言語や文化があります。

　しかし、アメリカ大陸への入植がはじまった当初から、先住民はその人口、土地、文化、部族のつながり、生活基盤などさまざまなものが奪われていきました。人口に注目すると、1492年には700万人いたと推計される先住民が1900年には26万人（国勢調査）に減少しました。

　このQでは、先住民がアメリカ大陸に後からやってきた入植者になにを奪われてきたのか（このような白人入植者による暴力・収奪を、入植者植民地主義^{セトラー・コロニアリズム}といいます）を探っていくとともに、なぜ奪われてきたのかという点にも目を向けていきます。そして、先住民にかかわる課題は現在までも続いています。そのため、このQの最後には現在進行形の貧困、アルコール依存症の問題や、核開発と先住民の関係などの現在の課題についても確認します。

先住民が奪われたものとその歴史

　まずは、アメリカが建国される前にさかのぼります。16世紀以降アメリカ大陸にヨーロッパから人々が上陸し、アメリカ大陸を植民地としました。入植者が持ち込んだもののひとつに麻疹、水疱瘡、コレラなどの病原菌があります。ヨーロッパやアフリカ由来の病原菌に対して免疫力のなかった先住民の人口は激減しました。社会学者のマシュー・スニップは天然痘によって4年間で先住民の人口が半分になったと指摘しています。

120

入植者たちが18世紀末にアメリカを建国すると、今度はアメリカ政府による先住民の抑圧がはじまります。先住民の土地はアメリカ政府の政策によって奪われていきました。特に19世紀に入ると、白人によるいわゆる西部開拓が推進されます。西部開拓といえば聞こえはいいですが、実態としては西部に住んでいた先住民から土地を奪い、自らの土地としていくのです。

そして、この行為は「明白なる宿命」という考え方や民主主義の思想によって正当化されました。民主主義が略奪を正当化したなんて奇妙に思えませんか。この正当化を理解するうえでふたつのポイントがあります。まず、先住民は人間というよりも未開の荒野の一部とみなされていました。そのため、西部開拓をする白人は先住民という人々からなにかを奪っているという認識をしていなかったのです。また、開拓者たちには、一定期間住むことで土地の所有権が認められ、セルフメイド・マン（たたき上げの人物）として共和国市民の一員となり、白人男子普通選挙の制度のおかげで政治に参加することができたのです。この土地所有の権利が白人に平等に与えられているという点が民主主義であると考えられたのです。

さらに、先住民を強制的に移住させたふたつの法律をみてみましょう。1830年には、「インディアン強制移住法」が成立し、白人が住むために豊かな土地に住んでいた先住民の移住を強要し、先住民には不毛な土地を与えました。強制移住のための道のりは過酷なものであり、先住民部族のひとつであるクリーク族は部族全体の約4分の1がその道中で亡くなりました。さらに、移住先の環境も悪く、感染症によって数多くの先住民が亡くなりました。このときに先住民が経験した悲劇は「涙の旅路」と呼ばれています。

1887年には先住民が所有する土地を減らすためにドーズ法が定められました。具体的には、部族全体で持っていた土地を細かく分割し、先住民と非先住民の両方に割り当てていきました。先住民の土地を減らすために、先住民へ割り当てたあとに余った土地は「余剰地」とされ、白人や企業の土地となりました。そのうえ、先住民に与えられた土地は不毛な土地が多かったため、農業をしても十分な収入が得られなかったり、一時的な収入のために土地を売り、自分の土地を失ってしまったりしました。ちなみに、この状況を改善するための法律も定められています。1934年に制定された「インディ

第3章　アメリカ編

アン再組織法」です。この法律は先住民をアメリカの法体系のなかに組み入れるという意図があり、先住民に対する同化政策だという批判もされていますが、ドーズ法による土地の分割を押しとどめる効果がありました。

　これまで先住民が土地を奪われてきたということを確認しましたが、先住民は政府によって文化も奪われています。政府は先住民に「野蛮」な文化をやめさせ、アメリカ社会に「同化」させようとしました。具体的な方法として、学校教育が重視され、先住民の子どもたちを強制的に親元から離し、寄宿学校に通わせました。しかし、先住民には高度な教育は無駄だと考えられていたため、農業や大工仕事、家庭科などの簡単な手作業教育が行われました。この寄宿学校については、第2章コラム3に詳しく書かれています。

　少し時代がとんで1950年代には「転生プログラム」と呼ばれる、先住民の都市移住政策が行われました。政府が先住民の都心部での就職先を選び、紹介するものでした。この説明だけでは、失業対策のように思えますよね。しかし、政府の本当の意図は先住民を都市部に移住させることで部族の文化を失わせることでした。

　ここまで先住民が土地と文化を奪われてきた歴史やその理由をみてきました。しかし、先住民も政府に対抗しています。1960年代から70年代にかけて、先住民の人権運動が盛んになりました。レッド・パワー・ムーブメントです。特に、都市部に住む先住民たちが部族の違いを超え、これまで奪われてきた土地の所有権などの権利の回復や同化政策への抵抗を示しました。その結果として、改革が実現し、1975年に制定された法律によって、部族の自治権が強化されたのです。部族は政府との交渉が義務づけられたため完全な自治ではありませんが、先住民による運動によって政府の方針が変わったことは先住民社会にとって大きな意義がありました。

先住民と核開発にかかわる問題

　政府の先住民政策の方針が変わったと指摘しましたが、先住民は現在も多くの問題に直面しています。現在進行形の問題のなかでも、核開発にかかわる問題に注目します。第二次世界大戦から冷戦期にかけて、アメリカでは核

122

の開発が盛んに行われてきました。特に、先住民は核の原材料であるウラン
の採掘にかかわってきました。社会学者バレリー・クレッツは先住民たちの
放射能汚染を「核の植民地主義」と定義しています。それほどまでに、先住
民は核開発にかかわってきたのです。アメリカにあるウラン鉱山の90％が
先住民の居住地やその周辺にあり、企業やアメリカ政府にとって「好都合」
だったのです。企業にとって先住民は安価な労働力であり、ウラン採掘のた
めに先住民を雇うのはメリットでした。アメリカ政府は資源開発を支援し、
先住民に「雇用が生まれ、インフラの整備も進む」などの理由でウラン採掘
に力を入れるよう説得しました。しかし、企業は先住民にウランの危険性を
十分に説明せず、必要な防御措置も行わないまま先住民を働かせました。そ
の結果、多くの先住民はガンや白血病などにかかり、亡くなったのです。ま
た、1978年には先住民の居住地でダムが決壊し、ウランのくずが川に流出
してしまう事故も発生しました。アメリカ史上最大の放射能汚染事故です。
このような問題が発生しているにもかかわらず企業は先住民の居住地付近の
開発に積極的な姿勢を崩していません。

　ここまで簡単に核開発と先住民の関係についてみてみました。先住民が直
面している問題は、他にも貧困率や糖尿病率の高さ、アルコールやドラッグ
依存症などがあります。先住民のなかにはカジノ産業や石油産業で成功を収
めた部族もありましたが、平均所得は黒人よりも低く「最も貧しい人種」と
いう現実があります。貧しさゆえに、アルコールやドラッグへの依存が増え、
食生活の変化から糖尿病の発病率も高くなる、負のスパイラルの中にいると
いえます。（土屋）

第3章　アメリカ編

Q25
移民の国なのに
どうして「不法移民」が生まれるの？

　2016年大統領選挙で勝利したドナルド・トランプは、「不法移民」を取り締まるためにメキシコとの国境に壁を築くことを公約としていました。「移民の国」と言われるのに、アメリカに「不法」な移民が存在し、排除されるのはなぜなのでしょうか。「不法移民」とは、正規の滞在資格を持たない移民のことを指し、正規の手続きを踏まずに入国する場合や、ビザ等の滞在期限を超過する場合などがあります。近年では「不法」（illegal）ではなく「書類不保持」（undocumented）や「無許可」（unauthorized）という言葉を使う場合が増えています。行為ではなく人を「不法」と呼ぶことは、その人に権利が与えられないことを正当化してしまうためです。同じ理由から、このQでは「不法移民」という言葉に鍵括弧をつけています。

　文字通り「法に反する」ことを理由に問題とされる「不法移民」ですが、その基準となる「法」は誰がつくったのでしょうか。「不法移民」はいつも排除の対象だったわけではありません。アメリカ社会は農業や建設業などにおいて安い労働力を常に必要としており、「不法移民」に支えられて成り立っていると言えます。経済や戦争によって「不法移民」をめぐる法や制度はどのように変化してきたのでしょうか。

「不法移民」はなぜ生まれたのか

　「不法移民」の概念は、19世紀末から20世紀初頭に現れたとされています。1875年のペイジ法は中国人移民を対象とし、「売春婦」というステレオタイプを押し付けられた女性たちの入国を防ぎながらも、男性の移民も抑制したいという意図がありました。1882年の排華移民法では、男性も含めて中国からの労働者の受け入れが停止されます。さらに1892年のゲアリー法では、アメリカ国内にいる中国人は、排華移民法以前からアメリカで働いて

124

いるという証明書を携帯しなければならないと定められました。もし合法的に滞在していても、証明書がなければ「不法」になってしまうのです。1893年、Wong Dep Ken という中国人男性がこの法律に基づいてロサンゼルスで収監されました。合法的に働いていたものの、それを証言する白人の証人がいなかったため「不法」となり、上海へ強制送還されました。この事例はアメリカ初の強制送還と言われています。

さて、現在「不法移民」とされる人々の出身国を見ると、最も多い10ヶ国にはメキシコ、エルサルバドル、グアテマラなどの中南米の国々や、インド、中国のようなアジアの国が入っています。ここではその半数を占めるメキシコ系移民を取り上げ、労働事情や経済によってどのように「不法かどうか」が左右されてきたのかを見ていきます。

1848年、米墨戦争の終結の際にメキシコ領だったカリフォルニア州やネヴァダ州などが、合衆国に割譲されました。これにより居住地がメキシコ領からアメリカ領に変わった人々は、合衆国の市民権を得ました。先住民は20世紀に入るまで市民権を得られなかった一方、このとき市民権を得たメキシコ系の人々は、法律上で「白人」として扱われました。このことから、市民権と人種には関連性がうかがえます。

1924年の移民法では、アジア・東欧・南欧からの移民がターゲットとなり、国籍ごとに受け入れ人数が決められました。世界中からの移民に制限がかけられた一方で、メキシコからの移民は例外とされました。当時、メキシコ系移民には「働き者」「安い労働力」というステレオタイプがあり、特に南西部の農業で必要とされていたのです。この頃、メキシコで革命が起きて国内が混乱していたこともあ

出身国ごとの「不法移民」の推定人口（千人）

出身国	2015年	2016年	2017年	2018年
メキシコ	6,200	5,970	5,860	5,420
エルサルバドル	720	750	750	730
グアテマラ	600	610	610	620
インド	450	560	490	540
ホンジュラス	420	430	500	450
中国	320	420	410	410
フィリピン	350	410	300	370
コロンビア	130	140	130	210
ブラジル	100	110	150	200
ベネズエラ	80	100	120	190
その他	2,080	2,260	2,090	2,260
合計	11,440	11,750	11,410	11,390

125

第3章　アメリカ編

り、移民は急増しました。しかし、1929年の世界恐慌では一転、移民は仕事を失ったうえに「移民が仕事を奪うせいで不況になったのだ」と責任を被らされ、7年間で180万人がメキシコに送還されることになりました。

　第二次世界大戦では多くの人々が軍に駆り出されたため、アメリカは労働力不足に陥ります。その対策として始まったのが、ブラセロ・プログラムです。メキシコとの協定に基づき、460万人の短期契約の移民労働者が受け入れられました。「合法」で労働者を受け入れられる制度ですが「不法移民」と同じように過酷な労働環境を強いられ、賃金も払われないことがありました。戦後も好況の間は安い労働力が求められて「不法移民」が増加しましたが、不況の兆しがみられると、実際の原因ではないのにもかかわらず、またも「不況は不法移民のせいだ」と言われるようになりました。これを受けて合衆国政府は1954年に「ウェットバック作戦」を開始し、多くの「不法移民」を摘発・強制送還しました。「ウェットバック」とは「不法移民」を指す侮蔑的な言葉です。結果として数ヶ月で100万人以上もの移民が逮捕され、自主的に帰国する人も増えたことで、作戦は「成功」と謳われました。

　1980年代には受容の方向へと舵が切られます。大都市圏では「聖域都市」と呼ばれる自治体が出てきました。「不法移民」を排斥しようとする連邦政府の方針に従わず、かれらに寛容だった地域のことです。人道的な地域のようですが、安い労働力が必要とされているという背景もありました。ロナルド・レーガン政権では、「不法移民」の合法化が行われます。1986年の移民改革・統制法で、1982年より前からアメリカ国内で働いていた「不法移民」に永住権を与えたのです。こちらも寛容な政策をとることで、かれらの身分の不安定さを利用し、新自由主義経済に不可欠な労働力を確保していったのです。

　2016年大統領選では、トランプの「不法移民」に対する強固な姿勢やメキシコとの国境の「壁」が話題となり、移民の間に不安が広がりました。2021年、大統領に就任したジョー・バイデンはトランプ政権の移民政策を覆すべく、強制送還の猶予を発表しました。さらに「不法移民」を取り締まる移民関税執行局（ICE）が逮捕できる人とできない人の区別を明確にするガイドラインを設けました。トランプ政権ではICEが強い権力を持ち、「不

126

法移民」の子どもや孫までもが逮捕されるかもしれないという不安が広まっていました。新ガイドラインでは最近不法に国境を越えた人々と、殺人やレイプなどで有罪となっている人々に捜査の対象を絞ることになり、ICEの権限が制限されたと捉えることができます。

「不法移民」を考える意義

　ここまでアメリカの法制度や政策を通して、「不法移民」の受容と排斥が経済と結びついてきた様子を見てきました。しかし、移住はひとつの国の中だけで語れることではありません。「不法に入国する」「不法に国内に滞在する」ということは、国家や国境の存在が前提となっています。そもそも国境はどのような役割を持つのでしょうか。メキシコ系アメリカ人やフェミニズム、クィア理論、女性・ジェンダーなどに関する研究者で、活動家のグロリア・アンサルドゥーアは、国境は「『わたしたち』と『かれら』を区別するために設定されたものだ」と述べています。国際的な労働力の移動が起きているなかで、恣意的に設定された国境に基づいて「かれら」の権利が否定されているのです。この仕組みは人種がつくられた過程と似ていると思いませんか？日本でも実習先から「失踪」した技能実習生や、難民申請が不認定となった人々などが「不法」とされています。「不法移民」が生まれるメカニズムを学ぶことは、人々の権利を否定せずに労働の機会を保障するにはどうすればよいかを考えるヒントになるのではないでしょうか。（大島）

第3章　アメリカ編

Q26
アメリカでのアジア系の人々への差別は
コロナ禍をきっかけに始まったの？

　2020年、新型コロナウイルス感染症は世界的なパンデミックを引き起こし、わたしたちの生活を一変させました。流行当初、メディアでは毎日のようにコロナウイルスについてのニュースが流されましたが、そのなかで、アジア系の人々への差別に関するニュースを見かけた人も多いのではないでしょうか。コロナ禍でのアジア系に対する人種差別は世界的な問題になりました。アメリカに目を向けてみると、トランプ元大統領が「チャイナウイルス」と何度も中国を非難し差別を煽ったことで、アジア系への人種差別事件が急増しました。例えば、アトランタのマッサージ店やスパなどが銃撃された事件（2021年3月）では、被害者8人のうち6人がアジア系女性でした。この事件を受け、アジア系への人種差別に抵抗するための運動である、「#StopAsianHate」（アジア人への差別はやめて）に火がつき、アメリカから世界へ波及することとなりました。

　では、アメリカにおけるアジア系への人種差別はコロナ禍をきっかけとして始まったのでしょうか。実は、そうではありません。アジア系は、はじめてアメリカに渡ったときから、制度的・社会的に差別され続けてきたのです。

　まず、歴史的な背景を見ていく前に、「アジア系」とは誰のことなのかという前提を確認しましょう。アジア系とは、主にユーラシア大陸のアジア圏の出身者やその人たちで構成される集団を指し、例えば、中国系や日系、フィリピン系などが当てはまります。2020年の国勢調査では約2400万人がアジア系（全人口の7.2%）で、現在アメリカで最も急速に増え続けている集団とも言われています。アメリカ社会では、のちに詳しく述べますが、アジア系に対する特有のステレオタイプが存在しており、それゆえにしばしば「ひとつの集団」として捉えられがちです。しかし、アジア系は非常に多様なエスニシティから成り立っており、文化・使用言語・貧困率・差別経験等がエスニシティによって大きく異なります。また、同じエスニシティだとし

128

ても、アメリカに渡ってきた時期によって経験が異なってくることにも注意が必要です。

アジア系の人々への制度的レイシズム

それではここから、本題であるアジア系の人々の差別経験について「制度」の観点から見ていきましょう。注目すべきなのは、アメリカでは「アジア系＝外国人」と明確に決定づける法律が長く社会に適用されてきたということです。例えば、南北戦争によって奴隷解放が達成されたあとの、1870年の帰化法では、あらためて「アメリカ人とは誰か」が明示されました。そこでは、「アメリカ人＝白人あるいはアフリカ出身者およびその子孫」と定義され、解放された黒人に市民権が認められますが、依然として「白人」の範囲は示されませんでした。しかし、1882年の排華移民法では、中国人移民に対して「帰化不能外国人」という烙印が押され、彼らはどれだけ長くアメリカに住んでいたとしても市民権を得ることができず、「非白人」であると判断されることになりました。これは中国系だけではなく、のちに日系に対しても適用されます（日系人のアメリカ経験についてはQ27参照）。この、「帰化不能外国人」の烙印は、その後入国するすべてのアジア系に影響を与えることになるのです。

これらの制度的レイシズムは、第二次世界大戦中にようやく緩和され始めました。1943年には、戦時中に中国が連合国の一員となったことから、排華移民法が廃止されました。また、1952年のマッカラン・ウォルター法によって、長くアジア系を苦しめてきた「帰化不能外国人」という規定が廃止され、移民一世（最初にその国に移住してきた世代の人々のこと）が帰化できるようになりました。続く1965年移民法でヨーロッパ以外からの移民制限が撤廃されたことで、中国系のほか、ベトナム系やフィリピン系など戦後新世代の移民が急増していくことになります。以上のことから、アジア系は、アメリカにおいて制度的な差別の対象となり、排除と包摂の両方を経験してきたことがわかります。

第3章　アメリカ編

アジア系の人々へのステレオタイプ

　では、アジア系に対する差別は、制度的レイシズムの解消に伴い、本当に解消されたのでしょうか。ここからは、戦後、アジア系がアメリカ社会のなかで、どのようにまなざされてきたのかについて、あるステレオタイプを紹介しながら見ていきましょう。みなさんは、「アジア人」や「アジア系」へのステレオタイプと聞いてなにを思い浮かべるでしょうか。他のQでも、いくつか紹介されていましたね。アジア系は、海外において「勤勉」「努力家」のようなイメージを持たれがちですが、アメリカにおいても例外ではありません。アメリカにおいてアジア系の人々は、「モデル・マイノリティ」（見習うべき少数民族）と呼ばれてきたのです。

　この言葉は、日系人のことを「アメリカでの悲惨な差別経験にもかかわらず、勤勉に努力し成功した、見習うべきマイノリティ」だとして称賛する文脈で1966年にアメリカの社会学者によってはじめて使われました。一見すると、アジア系、特に日本にいるわたしたちからすると、なんだか嬉しくなるようなイメージですね。しかし、これは「アジア系は悲惨な状況下でも努力し成功したのだから、あなたたちも不平不満を言うのではなくアジア系を見習え」というように、黒人や他のエスニックマイノリティの運動を抑圧するために利用される側面もありました。

　また、それだけでなく、このステレオタイプは「モデル・マイノリティ神話」として、研究者らによって問題点を多く指摘されてきたのです。ここではふたつ問題点を紹介したいと思います。

　ひとつ目は、「アジア系グループ内の多様性や違いが隠されてしまう」という点です。すでに述べたように、アジア系は実に多様なエスニシティから成り立っており、十把一絡げにはできません。しかし、このステレオタイプがあることによって、同一集団に属するものとして扱われてしまいます。わかりやすい例として、コロナウイルスの流行で中国系への批判が強くなされた際に、その他のアジア系（日系人など）も批判・攻撃の対象になったことが当てはまるでしょう。そのほかにも、このステレオタイプにより、貧困に

130

苦しんでいるモン族などベトナム戦争以後の難民の存在が、社会のなかで見えづらくなってしまうという例も挙げられます。

　問題点のふたつ目として、「アジア系とその他のマイノリティの関係性に悪影響を与える」という点もあるでしょう。実際に、「モデル・マイノリティ」のイメージによって、アジア系を「成功者」グループ、その他のエスニックグループを「不平不満」グループと分けることでアジア系とそれ以外のエスニックマイノリティとの緊張関係が助長されることを指摘している研究者がいます。具体的には、アフリカ系アメリカ人が加害者となるアジア系へのいじめや否定的態度の主な原因として、かれらが「モデル・マイノリティ」として社会で肯定的に認識されていることが挙げられていました。

　以上のように、近年、世界的な問題となったコロナ禍でのアジア人差別は、新しく生まれた問題ではなく、アジア人差別の長い歴史や、そこから生まれたステレオタイプと連なる根深い問題であることがわかりました。アジア系がもともと「帰化不能外国人」として制度的に差別され、その後はそれが是正され「モデル・マイノリティ」として評価されてきたという側面がある一方で、今でも残り続けるこのステレオタイプは、今回のコロナ禍での差別の一因になっていたりするなど、多くの問題を抱えています。

　日本人も「モデル・マイノリティ」のステレオタイプを向けられ、アジア系の一部として見られるという意味で、当事者になります。読者の中にはコロナ禍にアメリカで実際に差別を経験した人や、この先渡米する人などもいるかもしれません。その際に、アジア系移民の差別の歴史的背景や、今なお残るステレオタイプ、そしてかれらがどのようにそれを乗り越えようとしてきたのかを学ぶことは当事者としても意義があるのではないでしょうか。

（河口）

第3章　アメリカ編

Q27
日系人はアメリカでどのように
差別を乗り越えようとしてきたの？

　Q26では、アメリカにおいて、アジア系の人々がどのように歴史的に差別されてきたのかについて見てきました。このQでは、そのなかでも「日系人」の被差別経験に焦点を当て、かれらがそれをどのように乗り越えてきたのかについて見ていきます。アメリカにおける日系人の被差別経験として有名なのは、第二次世界大戦中の強制立ち退き・強制収容です。日系人はのちに、三世を中心にこの悲惨な収容所経験を学ぶ機会を設け、「不正義を糾す」という意味のリドレス（redress）運動を展開し、最終的には大統領による謝罪や個人への賠償という成果を得ることになります。これは、マイノリティの反人種差別運動の成功例として、国内外で注目されるとともに、前のQでも触れた「モデル・マイノリティ」というイメージが強化される直接的な要因にもなりました。

　日本から渡米した移民の最初の波は今から約150年前のことですが、自分たちの海外同胞がどのような経験をしたのかを、わたしたちは中学や高校の歴史教育で学ぶ機会がありません。しかし、レイシズムの暴力やそれへの抗い方、処方箋を学ぶのに、日系人の戦争経験やリドレス運動での闘い方は格好の生きた教材となるはずです。

アメリカでの日系人の歴史的な境遇

　幕末になって日本は鎖国をやめて開国に踏み切り、外国との往来が始まりました。仕事をするために外国に渡り、一定期間生活する者を「移民」と言いますが、近代の日本は貧しかったので、移民の送り出し国でした。このとき海を渡った移住者の子孫が、現在、世界各地で約250万人、日系人として暮らしています。

　日本人が最初にアメリカ本土に渡ったのは1869年で、会津藩出身者がカ

132

リフォルニアで入植した「若松コロニー」といわれています。若松コロニーは、養蚕や茶の栽培で生計を立てようとしましたが失敗し離散してしまいます。またハワイに向かった最初の集団は「元年者」と言われます。かれらはサトウキビ耕地で働くことを目的に海を渡った人たちですが、労働は過酷でルナと呼ばれる監督に鞭で叩かれることもありました。『中外新聞』（慶応4年閏4月3日）で「黒奴（黒人奴隷）売買の所業に均しき事」と非難されると、明治政府が希望者の帰国交渉に乗り出し、送還を実現しました。この初期移民の失敗例は、海外で働くことの難しさ、奴隷労働のような過酷な労働現場など、移民の厳しさを教訓として残しました。

　「元年者」の定着失敗を教訓に、明治政府は1885年まで日本人労働者の出国を許可しなかったのですが、ハワイ王国との移民協定合意を得て「官約移民」が開始されました。また、同時期に米本土にもサンフランシスコを玄関口に日本人の渡航が本格化しました。こうして西日本出身者を中心に、ハワイに約20万人、アメリカ本土に約18万人の人々が移民することになります。かれらは、排華移民法で流入が停まった中国人労働者の代わりに、鉄道建設や農業、果樹園、鉱山、漁業や缶詰工場、都市部では家事使用人などの仕事に就きました。

　では、日本人移民は、どのような差別に直面したのでしょうか。アメリカ渡航が本格化すると、まもなく西海岸では組織的な排斥運動が開始されました。その理由はふたつあります。ひとつ目は、中国人移民を対象とした白人政治家や労働組合による排斥運動の伝統が形成されていたことがあります。ふたつ目は、日露戦争での日本の勝利が、白人に対する「有色人種」の勝利、西洋に対する東洋の勝利と捉えられ、「黄禍論」が流布されたことです。1906年のサンフランシスコ大地震後には、日本人児童を公立学校から退学させ中国人の通う「東洋人公立学校」へ移動させた事件（日本人隔離事件）が起き、日米両政府を巻きこむ問題に発展します。セオドア・ローズヴェルト大統領は隔離命令を撤回させる代わりに、日本政府が今後一切の日本人労働者に対して米本土行きの旅券を発給しない自主規制を実施することなどの約束を取り付けて、いわゆる日米紳士協定が結ばれます。

　同協定で男性労働者の流入が停止されると、出稼ぎ志向であった日本人移

第3章　アメリカ編

民の定住志向が強まり、農業分野で成功する者がでてきます。すると、今度は「排日土地法」を制定して、「帰化不能外国人」による土地所有の禁止、借地制限などの嫌がらせによって、日本人移民の排除を狙いました。また、西海岸の日本人移民は若い男性の単身渡航が一般的であったので、家族を作るため日本から「写真花嫁」の制度（写真などを交換するだけで婚姻手続きを行うもの）を使って、妻を呼び寄せることがこの時期に進められました。約2万人の写真花嫁が渡米しましたが、この制度の利用も、恋愛至上主義のアメリカの結婚文化からすると「文明的ではない、野蛮だ」との批判にさらされ、日本政府が1919年に禁止しました。日本人移民はなんとか「帰化不能外国人」という枷をはずそうと裁判闘争を試みましたが失敗し、1924年には連邦議会で日本人移民の渡航を実質的に禁止する移民法が制定され、完全に門戸が閉じられてしまいます。日本国内ではそれを「国辱」と受けとめ、反米感情が高まることになりました。

第二次世界大戦時の強制収容と戦後のリドレス運動

　第二次世界大戦では、敵性外国人となった日本にルーツを持つ人々はさらなる差別にあいます。日本軍による真珠湾攻撃による日米戦争が始まると、ただちにハワイでは戒厳令が出され、日系人指導者の逮捕が始まりました。1942年2月にはF・ローズヴェルト大統領が大統領令9066号に署名し、強制立ち退きの権限を陸軍省に与え、市民権を持たない一世、市民権を持つ二世（当時の日系人全体の約7割）の区別なく、約11万人の日系人を内陸部僻地に急造された10ヶ所の強制収容所へと送る手続きを取りました。

　この大統領令の発令については、40年後の1982年に連邦議会の委員会で、「同大統領令は軍事的必要性によって正当化できるものではない。あらためて歴史的にその原因を探れば、それは人種差別であり、戦時ヒステリーであり、政治指導者の失政であった」と結論づけられることになりました。

　鉄条網で囲まれ、常に監視された強制収容所での生活は、過酷なものでした。また1943年2月に実施された「忠誠登録」は大きな試練となりました。収容者を「忠誠的」日系人と「不忠誠者」に選別することを企図しており、

134

「米軍隊に志願する用意があるか」に「イエス」と答えた二世の若者の多くは、442部隊に配属されヨーロッパ戦線で活躍することになりました。のちにハワイ州選出の上院議員となるダニエル・イノウエは同部隊の元兵士であり、戦場で右腕を失っています。442部隊は、米軍史上、最も多くの勲章を得た部隊となりましたが、その犠牲の大きさは計り知れません。戦争終了後に、ホワイトハウスで大統領は「諸君は……敵軍と戦ったばかりでなく、偏見に対しても戦い、そして見事、打ち勝ったのです」と讃えましたが、戦争中に家族や子どもを収容所に入れられていた兵士はなにを思ったのでしょうか。

　終戦後、収容所にいた日系人の9割は西海岸へと帰還し、渡米した直後と同じく、土地なし、資金なしのゼロからの生活をスタートさせました。戦後長らく日系人家族の多くは、一世も二世も、トラウマとなっていた強制収容所の生活を子どもには話さず、沈黙を貫いたと言われています。

　それでは、どのような経緯で日系人はこの悲惨な差別経験に向き合い、リドレス運動による補償要求を進めたのでしょうか。まず背景として大切なのは、黒人たちの公民権運動／ブラックパワーの運動に影響されて、アジア系による イエローパワーの運動が開始されたということです。その過程では、カリフォルニア大学などでアジア系移民研究が本格化し、三世の世代はそこで収容所の歴史などを学び、沈黙を破る準備を進めました。また、アジア系最古にして最大の人権団体である日系アメリカ人市民連盟（以下JACL）は、議論の末、1970年には強制収容に対する政府への補償要求提案を採択しました。

　JACLや日系連邦議員との協議の末、1980年には「戦時民間人転住・収容調査委員会」（CWRIC）が設置され、大規模な公聴会が西海岸を中心に開催され、先述の連邦議会での委員会報告が出されます。これらの運動によって、最終的に連邦議会にて1988年に「市民的自由法」が定められました。これにより、立ち退き・収容所経験をしたすべての日系人に対し、レーガン大統領が公式に謝罪し、1人につき2万ドルの補償金が支払われ、正しい歴史教育のための基金も設立されました。この日系人たちが差別されながらも、最終的に国家による不正義を認めさせリドレスを達成した歴史は、現在も歴史の教訓として活かされているのです。（河口）

第3章　アメリカ編

Q28
イスラム教徒はアメリカで
どのように差別されてきたの？

　2001年9月11日に、イスラム過激派組織アルカーイダによって引き起こされたアメリカ同時多発テロを契機として、アメリカではイスラム教徒に対するヘイトクライム（人種や民族、宗教など特定のカテゴリーに属する人々に対する憎悪・偏見に基づく犯罪）が急増しました。しかし、イスラム教徒に対する差別は、9.11から始まったわけではありません。イスラム教やそれを信仰する人々を嫌悪する「イスラモフォビア」（Islamophobia）という言葉は1980年代後半にアメリカで広まりました。アメリカには、もっと古く、その建国から現在に至るまでイスラム教徒を社会の脅威として排除してきた歴史があります。また、イスラム教徒と黒人奴隷は深いつながりを持ち、イスラム教が黒人の差別撤廃運動の歴史において重要な役割を果たしました。このQでは、黒人イスラム教徒の問題、そしてイスラム教徒に対して向けられるテロリストという偏見が形成されてきた歴史的背景を追いかけていきます。

アメリカ社会で排除されてきたイスラム教徒

　アフリカからアメリカに奴隷として連行された黒人の人々はもともとどのような宗教を信仰していたのでしょうか。実は、黒人奴隷の多くは、奴隷にされる以前はイスラム教を信仰していたと言われています。しかし、アフリカからアメリカに連行されると、黒人奴隷はそれまでの信仰を捨て、キリスト教に改宗することを強制されました。また、名前もそれまでのイスラム教に由来するものから、白人奴隷主に与えられたものに改名されました。このように、イスラム教徒と奴隷貿易・奴隷制は深い関係を持つのですが、その事実はアメリカの歴史において長きにわたって忘れ去られてきました。

　しかし、キング牧師らが公民権運動によって黒人差別と闘ったのと同じ時

136

代、イスラム教を背景に黒人差別撤廃を目指す団体が社会の注目を集めました。それが、ネイション・オブ・イスラムです。この団体は、人種融和を目指したキング牧師らとは異なり、黒人の白人に対する優越性を説くことで、虐げられてきた黒人の人々の自尊心に訴えかけ、熱狂的な支持を集めました。なかでも、指導者のひとりであったマルコムXはそのラディカルな思想と卓越した弁舌によってカリスマ的な人気を誇りました。彼が、Xという奇妙な姓を名乗るのは、先ほど説明したように、黒人奴隷が白人奴隷主によって本当の名前を奪われてしまったという差別の歴史が関係しています。そして、このマルコムXの思想に影響を受けた人物のひとりがボクシング世界ヘビー級チャンピオンのモハメド・アリでした。アリはもともとカシアス・クレイという名前でしたが、マルコムXの思想に影響を受け、イスラム教に改宗し、名前もイスラム教に由来するものにあらためました。そして、アリもまた、その発言やベトナム戦争に対する徴兵拒否などを通じて、黒人差別撤廃を社会に訴えていきました。

　また，黒人イスラム教徒の問題以外にも、近年のイスラム教徒に対する差別を考える上では、イスラム教徒とテロリストを結びつける偏見が重要になります。イスラム教徒をめぐる報道では、アルカーイダやISILなどのイスラム過激派によるテロ事件が多く取り上げられ、イスラム教徒というとテロ事件を思い起こす人も少なくないかもしれません。では、実際にイスラム教徒によるテロは多いのでしょうか。統計によると、1994年から2020年にかけてアメリカ国内で発生したテロ事件・計画のうち全体の57%が白人至上主義者などの右翼によるものであり、イスラム教を含む宗教テロは全体の15%であり、イスラム教徒がテロリストであるというのは偏見であることがわかります。

　それではどうして、こうした偏見がアメリカ社会において形成されたのでしょうか。国勢調査では宗教別統計をとらないので正確な数はわかりませんが、ピュー・リサーチセンターの2018年調査によればアメリカのイスラム人口は345万人です。19世紀末からイスラム移民は始まりましたが、本格化したのは1965年移民法以降で、湾岸戦争や対テロ戦争後はアフガン人などが難民として入国するケースも増えていきました。サンフランシスコ・ベ

イエリアにはかれらの居住区があります。アメリカのイスラム人口の出身地は実に多様で、南アジアとアラブ諸国出身が多数派で、それ以外にはアジアや東欧出身者もいます。興味深いのは、かれらの国勢調査上の人種分類で、国内イスラム人口の41％は白人で、黒人は20％のみ、アジア系が28％、ヒスパニックが8％となっています。偏見に凝り固まった目線では、圧倒的に黒人が多いと考えるのでしょうが、実は国勢調査の人種カテゴリーでは、中東や北アフリカ出身者は白人カテゴリーとしてカウントされるのです。こうして人口統計上は不可視化されているのですから、偏見はテロとイスラム教徒を結びつけようとする政治的な意図、国際紛争の影響などでメディアによってつくり出されたものと考えられます。

　1990年代になると、一部のイスラム過激派組織によるテロ行為が世界的に活発化しました。アメリカ国内でも、1993年にイスラム過激派による世界貿易センター爆破事件が発生しました。こうした時代背景のなかで、イスラム教徒をアメリカ社会の脅威とみなす偏見が、イスラム教徒をテロリストと結びつけるものとして社会に広がっていきました。

　世界貿易センター爆破事件から2年後の1995年にオクラホマシティで発生した連邦政府ビル爆破事件はアメリカ社会のイスラム教徒に対する偏見を印象づけるものでした。この事件は、実際には白人男性によるものでしたが、事件発生直後、証拠が十分に存在しないなかで主要メディアはイスラム教徒による犯行との憶測を一斉に報じました。また、警察によって事件現場周辺にいたイスラム教徒の住民に対する不当な取り調べが行われました。このように、一部過激派によるテロ事件が発生するなかで、アメリカではイスラム教徒そのものがテロの温床であるとの偏見が社会的に定着していきました。

　そして、2001年9月11日に発生したアメリカ同時多発テロは、イスラム教徒に対する差別を決定的なものにしました。FBIの報告によると、2000年に発生したイスラム教徒に対するヘイトクライムは年間で28件でしたが、それが2001年になると481件にまで急増しました。また、テロを受けて制定された「愛国者法」によって、イスラム教徒の人々に対する不当な拘束や取り調べなどの人権侵害が拡大しました。

　イスラム教徒の人々に対する差別は現在も変わることなく続いています。

そのなかでも象徴的だったのが、2016年に就任したドナルド・トランプ大統領によるイスラム教徒の入国を制限した大統領令でした。この大統領令では、テロ防止の名目で、イランやイラクなどイスラム教徒が多く住む7ヶ国からの難民・移民の入国が制限されました。しかし、この大統領令は矛盾を抱えたものでした。というのも、大統領令において対象となった7ヶ国出身者はアメリカにおいて重大なテロ事件を起こしたことはなく、一方で、同時多発テロの実行犯を輩出したサウジアラビアはアメリカと外交的に密接な関係にあったために除外されました。こうした大統領令に代表される偏見に基づいた差別にイスラム教徒は現在も苦しめられています。

広がるイスラム教徒への差別

　以上のように、イスラム教徒が長年にわたって、奴隷貿易やテロといった歴史を背景に、さまざまな形で差別や偏見にさらされてきたことがわかりました。そして、黒人イスラム教徒の問題とテロリストというイスラム教徒に対して向けられる偏見は、コラム6で取り上げた「インターセクショナリティ」という枠組みからも考察できます。イスラム教徒であることと黒人であることの二重の差別が交差した問題でもあるのです。

　イスラム教徒とテロリストを結びつける偏見は、アメリカに限ったものではありません。日本においてもそうした偏見は存在しています。2010年に警視庁公安部が作成した国際テロ組織に関する内部資料が流出するという事件が発生しました。流出した内部資料からは、公安警察が日本に住むイスラム教徒、中東出身者をテロ行為の温床とみなし、個人情報を収集していたことが明らかになっています。この事件において特に問題とされたのは、情報収集の対象となった人々は、一般の会社員などがほとんどであり、アメリカと同様に日本でも、イスラム教徒に対して偏見に基づいた不当な捜査が行われていたことです。このように、イスラム教徒に対する差別や偏見はアメリカ国内だけでなく、日本社会にも存在する問題なのです。（若田）

Q29
なぜトランプが支持されたの？

　2016年大統領選挙において、国務長官（日本でいう外務大臣）を含む豊富な政治経験を持ち当選が確実視されていた民主党のヒラリー・クリントン候補が敗れ、まったく政治経験がない大富豪のビジネスマンでタレントだったドナルド・トランプが勝利したことは、世界に大きな衝撃を与えました。トランプは政治経験、従軍経験がないだけでなく、人種差別的な言動を繰り返していた人物でした。出馬宣言をした演説では、メキシコからの移民は犯罪者であり、レイピストであると言ったり、イスラム教徒をすべて入国禁止にすることを公約に掲げたり、選挙活動中に失言を繰り返しました。そのために、大統領当選後には、アメリカ全土で抗議運動が発生しました。

　では、いったいなぜトランプが当選したのでしょうか。それは、これまでの政治に不満や怒りを持つ白人労働者階級の動向に大きな理由がありました。特に、ラストベルトと呼ばれる中西部から北東部にかけた地域からの支持が集まったのです。この層に対して、トランプが白人アイデンティティ・ポリティクスを用いて支持されるようになった、と考えられます。これはどういうことでしょうか。

「差別は解決した」という誤解

　アイデンティティ・ポリティクスとは、もともとアイデンティティを共有するマイノリティを主体とする、自身の差異性を肯定的に見ながら社会の変革を求める運動でした。しかし、近年ではこの概念がマイノリティではない白人にあてはめることができます。つまり、白人自らが「マイノリティ」であるかのように振る舞い、白人というアイデンティティに基づいた政治行動をしているということです。では、なぜこのようなことが、トランプの白人支持者の間にみられるのでしょうか。

　2000年代以降、白人層のなかで「被差別意識」が高まっていることが指

摘できます。2009年のピュー・リサーチセンターによる調査では、白人は差別をどれほど受けているか？という質問項目で、「たくさん」と答えた者は10%、「いくらか」と答えた者は35%におよびました。また、2011年の調査では、白人に対する差別はマイノリティ集団に対する差別と同じくらい大きな問題であるとした回答者が、白人の51%にも及ぶという結果が出ました。共和党支持者で見るとその割合は60%にもおよびました。当然、これが事実ではないことは黒人を含む多くのマイノリティにとって自明のことでした。なぜなら差別を受ける側は、日々の生活のなかで、警察の職務質問を受ける頻度が白人より高いこと、なにもしていないのに犯罪者として扱われることに慣れているからです。事実、ある調査では黒人のおよそ半数近くが、過去12ヶ月の間に、自身の人種のせいで他人に不審者と思われるような扱いを受けた、また頭がよくないかのように扱われたと回答しています。この差はなぜ生まれるのでしょうか。

　2008年の大統領選挙を見てみましょう。2008年にバラク・オバマが当選したことで、アメリカでは初の黒人大統領が誕生しました。21世紀早々に白人以外の大統領が誕生することは、アメリカ市民にとっても思いがけないものでした。その高揚は、公民権運動から40年余りたったいま、人種差別はなくなったと考えるポスト人種論を加速化させました。つまり、黒人がアメリカの最高指導者・軍の最高指揮官の座に就くことができる現在のアメリカは、人種問題が解決した状態にある、という考え方です。ピュー・リサーチセンターによる2016年の調査では、白人の38%が、黒人が白人と平等な権利を持つために必要なことはすでに成し遂げられたと回答し、それに対して同じように回答した黒人は8%にとどまっています。ちなみに、同調査で黒人が白人と平等な権利を持つために必要なことが成し遂げられることはないと回答した黒人は43%にもおよびました。

　つまり白人にとっては、公民権運動によって法的な権利を獲得し、黒人大統領をも生み出した21世紀に、人種の問題が未だ取り上げられること、それは「存在しないはずの差別をあるかのように取り上げている」かのように映るのです。差別は解決している、そう認識されているからこそ、差別の是正を叫ぶ声が、さらに「特権」を要求しているように聞こえるのです。この

ような人々にとって、トランプの発言は、自身の主張を受け入れてくれる受け皿として機能します。2045年には白人は総人口の49.7%となり、他のマイノリティを合計した割合よりも少なくなることが予想されています。アメリカで白人の割合が少なくなっていくことは、白人の地位が相対的に下がっていくことを意味し、その危機感は白人の間でも共有されているために、マイノリティをけなすような発言をするトランプに、その解決策を見出しているのです。つまり、「アメリカを再び偉大に」というスローガンは、白人の地位を再び上げることを連想させ、熱狂を呼んでいると考えられます。特にトランプの就任演説では、グローバル化によって荒廃した国内産業、破壊された中産階級のイメージを提起しながら「デトロイトの都市部で生まれようが、風吹くネブラスカの平野で生まれようが、みなが同じ夜の空を見上げ、神の息吹によってもたらされた心に同じ夢を抱えている」と語っています。これは工場が立ち並ぶラストベルトに住む白人労働者層と、保守的な農村部の白人を連想させる文言であり、白人層を意識したものであることは明らかです。このように、白人が持つ不平や不満をすくい上げる人物としての期待、それこそがトランプの当選の最大の理由であると言えるでしょう。

白人至上主義とのつながり

　オバマ政権も、ポスト人種論に無縁ではありません。初の黒人大統領であったオバマですが、人種問題に関しては、表面的な多様性用語の主張にとどまり、マイノリティ側の自立や自助努力を重視するような発言も目立ったことは、よく知られています。また、同時にオバマの当選は白人至上主義勢力が立ち上がるきっかけになったことを忘れるべきではないでしょう。オバマ当選は、ポスト人種論と白人至上主義という、二種類のレイシズムに作用する結果となったのです。

　白人というアイデンティティに基づいた政治行動は、白人至上主義と密接な関係にあります。トランプはそれをよく理解していると考えられます。2016年2月にトランプの大統領選挙活動中に受けたCNNのインタビューで、白人至上主義団体KKKのトップ、デイビット・デューク氏がトランプの支

持を表明したことについて、デュークを非難しKKKや他の白人至上主義者の票を拒絶するか問われた際に、デュークを知らないし、白人至上主義者たちについてもなにも知らないから非難しようがないと返答したこと。大統領就任後も、2017年8月のヴァージニア州シャーロッツビルで起こった白人至上主義者を含む右派のデモとそれに対抗するカウンターデモに車が突っ込み、1人が死亡、19人がけがをした事件について、トランプ大統領は「双方に責任がある」と発言し、白人至上主義者をはっきりと非難しなかったこと。2020年9月の大統領候補者討論会で、白人至上主義者を非難するかについて聞かれた際に、白人至上主義は左派にしかほとんど見受けられない、誰を非難すればいいのかよくわからないとし、極右団体プラウドボーイズが例に出されると、「プラウドボーイズ、下がって待機せよ」と発言したこと。これらのような出来事が繰り返し起きると、そこにはパターンが見えてきます。それは白人至上主義者の支持を受けていることをトランプは知っていて、あえてその信条を否定しない、という容認の態度のパターンです。この姿勢が、レイシズムに基づいた暴力に正当性を与えてしまっていることは否めないでしょう。

　2020年5月のBLM運動によって、アメリカの人種問題がまったく終わっていないことが世界中に明らかになりました。世界各地でレイシズムに抗議するデモが行われ、日本で行われたBLMデモにおいても、日本のレイシズム問題に警鐘が鳴らされました。「差別は解決した」という考え、むしろ「マジョリティの自分たちが差別される側である」という考えは、マイノリティの訴えを無視するような、暴力的な力を持っています。日本も決して例外ではありません。今こそ、日本のレイシズム認識をあらためるときが来ているのではないでしょうか。（鈴木）

座談会

　この本は読者のみなさん一人ひとりと「ともに」考えることを目的としているからこそ、わたしたちは学術書を読むだけでなく、身近にひそむレイシズムに目を向けたり、学生同士で意見を交換したりすることで執筆を進めてきました。執筆を終えて、レイシズムに対する考え方にはどのような変化があったのでしょうか。以下は、筆者たちが行った座談会の記録です。

座談会

わたしたちはレイシズムに
どのように向き合えばいいの？

入門書の執筆を終えて

吉田　今回のプロジェクトのために、みなさんたくさんリサーチしたり先生
　　　からコメントをいただいたりしました。そのなかでレイシズムやそれ
　　　にかかわる問題への向き合い方にどのような変化がありましたか。

青木　自分は執筆を始めた頃はゼミに入ったばかりで、レイシズムについて
　　　知識がないところからのスタートでした。ただ、知識がないこと自体
　　　に気づけたことが重要だったと思います。差別は無知から起こってい
　　　るので、自分が無知であることを自覚し、ステレオタイプ的なイメー
　　　ジを決めつけないことから始めていきたいと思います。

宍倉　私はそもそも人種が存在しないということに驚かされました。以前は
　　　黒人、白人といったグループが存在したうえで、差別があると思って
　　　いましたが、その前提自体が崩され、思い込みや無知であることの怖
　　　さを知りました。

五十嵐　私もレイシズムについて考えるようになったのは大学院に入ってから
　　　で、レイシズムの定義の広さや複雑さを改めて考えさせられました。
　　　アメリカのレイシズムを学びながら日本社会に暮らす身として、日本
　　　の文脈に置き換えたときにどうレイシズムに向き合えばよいのか、考
　　　えが深まりました。

若田　私も「レイシズム＝人種差別」という単純なものではなく、レイシズ
　　　ムは多様な要素から成り立っていると気づきました。例えば民族差別
　　　と人種差別の違いは曖昧にしか認識していませんでしたが、どちらも
　　　レイシズムという言葉で表せるのだと学びました。一方で、なんでも

レイシズムという言葉でまとめてしまうと、人々の多様さが忘れられてしまうとも感じ、レイシズムという言葉で単純に語りすぎていないかということを気にしていました。

吉田　たしかにタイトルを人種差別でなくレイシズムにしたのも、多様な要素が絡み合っていることが理由です。それをどう社会に当てはめるかというのは、本を書いたからこそ得られた葛藤ですね。

樋浦　あまり人に話さないことですが、私は日本で暮らしている中で入門書に載っているようなマイクロアグレッションを受けたことがあります。モヤモヤしたり傷ついたりしたけれど、ずっと仕方ないことだと考えていました。けれど、レイシズムについて学び、それが私だけの個人的な問題ではなく、レイシズムという大きな構造に問題があったことに気がつくことができました。ひとりで抱えていたので声を上げることは勇気がなくてまだできていませんが、この本を手に取った人たちで一緒に声を上げられたらいいなと思います。そして、私はこの入門書を書いて終わりではなく、始まりにしていきたいと思っています。

土屋　私も執筆を通して、問題の構造的な部分を意識するようになりました。私が担当したアメリカ先住民についてのQでは、なぜその現象が起こったのかに焦点を当てました。今まではレイシズムがあるという事実だけに注目していましたが、表層だけでなくより深いところに問題があると気づかされました。日本でもアイヌ民族の人々に対する同化政策のように、先住民に対するレイシズムがあります。アメリカ先住民にかんする問題で学んだ構造的な視点を、日本の問題にも活かして考えることが必要だと思います。

レイシズムの身近さへの気づき

鈴木　私は学部時代にはレイシズムについて学ぶゼミで、日本のレイシズムの現状や在日コリアンの歴史を学んでいました。しかし、卒業論文で

も大学院でもアメリカ史を扱ったため、しばらく日本のレイシズムからは遠ざかっていたように思います。そのため、今回のプロジェクトは日本のレイシズムに向き合う重要な機会になりました。皆さんは、日本のレイシズムについてどのような気づきが得られましたか。

河口　アメリカ史を学ぶゼミということで、本の執筆前にはレイシズムはアメリカの問題という意識が強くありました。私は卒業論文で、アメリカの#StopAsianHate運動について扱ったのですが、本書の執筆を通して、アメリカと同じ仕組みの制度的レイシズムやマイクロアグレッション、カラーブラインドレイシズムなどは日本にもあるということに気づかされました。日本ではレイシズムについて、強く声を上げたり、運動に参画したりすることがあまり注目されないように感じます。アメリカ史のゼミだからと言ってアメリカのことしか考えないのではなく、本の中では大きく扱われていませんが、日本で行われている運動にも目を向けていきたいと思うようになりました。

伊藤　僕も本を書く前には、レイシズムは海外の出来事で、自分は加害者にも被害者にもならないと思っていました。しかし、日本でも「肌色」がいわゆる「日本人の肌」の色を表すというように、日常にも制度的レイシズムがひそんでいるということに気づけるようになりました。僕自身も「肌色」がひとつの色だと認識していたことで、実は加害者の立場だったのだと気づかされました。

大島　加害者性への気づきには共感できます。私がこのゼミに入ったのは人種差別に問題意識があったからでしたが、人種差別はアメリカの問題と感じていて、当事者意識を持っていなかったように思います。また、理論的なことを学んでも、日常生活での実践にはつながっていませんでした。入門書を通じて「レイシズム」は人種差別だけを表す言葉ではないとわかり、日本のレイシズムについても学ぶ中で、レイシズムは身近なもので、自分が加害者になりうることにも気づきました。

大野　たしかに、本を書いたことで日本のレイシズムの問題点について考え

るようになったと思います。今でも「レイシズムについて勉強しています」と言っても伝わらないことが多く、日本の外国人差別の問題も、話すこと自体がタブーとして扱われているように感じます。

辻　私もこれまでは、レイシズムに関するニュースを見ても、他人事のようにふわふわした気持ちでしか見ていませんでした。私は日本の移民・難民に関するQを担当する中で、移民・難民に対しての制度的な不平等を、世論が支えている面もあると知りました。大きな社会の構造の問題でも、身近に原因のひとつがあるとわかり、友人との会話のような日常的な場面でも、言動を見直すようになりました。

樋浦　日常レベルの気づきと聞いて、以前の学部ゼミでの議論を思い出しました。日本では、メディアで日本人やアジア系のステレオタイプが「面白い」「トンデモ日本」として楽しまれて消費されることがしばしばあります。一方で、アメリカでは日系アメリカ人がそのようなステレオタイプに抗議しています。この違いはステレオタイプが対象とする人々に、実社会で与える影響の違いにあるのではないかという話をしました。なぜ抗議しなければならないのか、理由を説明できるようになることは重要だと思います。

河畑　同じように、「これ、まずいんじゃない？」と思うようなことを言語化できるようになったことは大きいと思います。例えばアリエル（映画『リトル・マーメイド』の主人公。実写映画が2023年に公開）を黒人の俳優が演じることになった時に、なぜ物議をかもしているのか、またその批判にどんな問題が含まれうるかを説明できるようになったことは私にとって大きいし、最初の一歩になったと思います。

大島　私は映画『南部の唄』をもとにしたディズニーランドのアトラクションが海外で閉鎖された際に、それを悲しむ人に対して、レイシズムを学んでいると言いながらも何が問題なのかうまく説明できなかったことがありました。なんとなく批判するのではなく、そもそも映画のどのような描写がなぜ問題なのか、なぜこれまでアトラクションが続い

てきたのか、自分の言葉で説明できるようになることが重要だと思う
ようになりました。

吉田　日常でモヤっとすることを言語化できるようになることは重要ですね。
日本のテレビでも問題になったブラックフェイスや、アジア系の人に
対する吊り目ポーズなどが「悪いこと」という認識はありましたが、
その理由や背景も説明できるようになったと思います。

レイシズム入門書を作る意義

吉田　学部生・大学院生である私たちがこの本を書くことには、どのような
意義があると思いますか。

若田　権威のある大学の先生などから学ぶとなると、上から教えられている
ように感じると思いますが、私たちのような初学者と学ぶことで、机
上の空論ではなく日常的なことから入ることができ、レイシズムの身
近さに気づきやすいのではないでしょうか。

土屋　この本は私たちの興味から発しているということが特徴だと思います。
「肌色」やアカデミー賞のようなフランクな話題は学術書で取り上げ
られにくいため、本を書く段階でもリサーチが難しい面もありました。
そのような問題も、私たちが興味を持ったことを私たちのことばで書
いているので、ひとつでも興味を持ち続けてくれたらと思います。

河口　読者の方々の中には、中学・高校時代にレイシズムについて学ぶ機会
があまりなかったという方も多いと思います。私自身も、大学のこの
ゼミに入るまでは、レイシズムについて学校でしっかりと学ぶことは
ありませんでした。そのため、幼い頃から「うすだいだい色」を「肌
色」と呼んだり、「ハーフだから運動が得意なのか」と思い込んだり
と、偏見・ステレオタイプを内面化してしまっていました。このよう
な経験から学校教育が大切な観点のひとつだと感じます。この本は学
生たちで作ったため若い世代の方にも手に取ってもらいやすいと思い

ます。更新されていく学校教育の中でも何が欠けているのか、これからの日本社会を作る若い世代の方々も考えることは重要な意義があるのではないでしょうか。

樋浦　私たちは皆レイシズムと無関係ではないですが、無関心だとそもそも気づかないし、自分が特権を持っているということも気づけません。逆に知ってしまった今では、過剰に差別になっていないか気にしたり、生きづらさを感じたりすることもあります。それでも無関心がレイシズムを生み出しているひとつの理由でもあるし、「社会」に入っていく中で、どうレイシズムを考えればよいのか、この本は提示してくれると思います。

大島　加害者性や特権性への気づきは私にとっても重要でした。例えば、女性だから差別を受ける、海外で日本人だから差別を受けるというように、被害者側として差別を意識することはありましたが、暴力のようなわかりやすい差別をしなくとも、日本社会において特権を持っている面もあると気づかされました。そこから、加害者になる可能性のある自分がこの本を書くことへの葛藤や、自分の立場とは何なのかという悩みもありました。そんな時、留学中に参加したレイシズムについての講演で「黒人に対する差別について語るのは、黒人の責任ではない」と聞いたのを思い出しました。レイシズムについて語ることを被差別経験のある人に押し付けてしまっていると気づいたことで、入門書にかかわる意義を見出すことができました。本書を通して多くの人が自身の特権性に気づき、議論するきっかけが増えればよいと思います。

五十嵐　たしかに、自身が被害者である場合に比べ、加害者である場合には気づきにくいということがあると思います。レイシズムについて勉強している私たちだからこそ、レイシズムの加害者にもなりうるという問題について向き合うことの大切さを、自分たちの問題として考えていける立場にあると思います。本をつくって終わりではなく、今後も一緒にレイシズムの問題に向き合っていけるという側面があるので、気

づきの先に何をするのかという点を読者と考えていきたいと思います。

大野　レイシズムは社会の構造に埋め込まれているものであるのと同時に、私たちの考え方がつくり出すものでもあると思うので、それを踏まえて行動したいと思います。レイシズムは構造的な問題だと学んだ時には、枠組みが大きくて自分にはどうしようもないように思われました。しかし、本書で紹介される差別のピラミッド（Q13参照）でも、基礎にあるのは個人的なことです。自分の力だけで変えられないもののように思われるけれど、まず自分の考え方を変える必要があるという点に、一人ひとりが気づくことが重要だと思います。

伊藤　特権性に限らず、気づきを与えられるというのは大きいと思います。僕の弟は、世界中から来た人たちがいる国際系の高校に通っているのですが、一緒に映画や海外旅行に行っても、考え方や人との接し方が違うと漠然と思っていました。僕が弟から新しい考え方を得られたように、この本で高校生にも本書が届き、新たな視座を与えられることが、大きな意味だと思います。

河畑　そうですね、本書は入門書なので、高校生や大学生にも多く手に取ってほしいです。学生が学ぶ意味という点では、ジェンダーなど他の問題にも同じ考え方を使えるということが大きいと思います。私もゼミで学んだことをアメリカのレイシズムに限定してしまっていましたが、執筆を通して日本社会や日常の様々な問題に応用したいと思うようになりました。ちょうど選挙権を得て、社会人として責任のある立場になる過渡期なので、自発的に問題意識をもつことは日本社会で生きるうえで重要だと思います。

宍倉　社会人としてという面では、就活をしていると、社会を良くしていくには他者の視点に立つことが大事だと感じます。他者を尊重しようとしても、レイシズムについては、そもそも知らないと無自覚のうちに加害者になってしまうので、知るということから全ては始まると思います。

辻　若い世代はインターネットがあって当たり前の環境で育ってきたので、グローバルで多様な考え方に触れられて、固定観念が根付きにくく、柔軟な思考ができると思います。この本で気づいたことを友人との会話など、日常から共有していくことに、社会を変えていく中でも意義があるのではないでしょうか。

鈴木　インターネットが身近なことにはメリットもありますが、一方で、ネット上の言説に取り込まれやすい面もあると思います。例えば「在日特権」のようなデマ情報が拡散して、特定の人種や民族についての憎悪を煽（あお）ってしまうこともあります。私も他人事ではありませんが、自然とそうした言説を内面化してしまうこともあるので、本を通じて日本にレイシズムがあるということを認識してもらえればと思います。本を読んで反発する部分もあると思いますが、なぜ自分はそう考えるのか、なぜマイノリティが悪いという考え方につながるのか、自分の中にあるレイシズムを理解することにつながったらいいと思います。

吉田　皆さんの話を聞いて、筆者の私たちもいろんなバックグラウンドを持っていて、多様性の良さを発揮した本になっていると思いました。私たちは、大学で学ぶことができているという点で、社会的に優位な立場にあるという面もあります。この本は大学のアメリカ社会史専攻の学生たちというひとつの立場からの考えであり、違う見方もあると思いますが、それでも、様々な立場で様々な関心のある私たちが集まってこの本を書いたということ自体に重要な意味があると思います。学生によって書かれた本が出版されたという点で、読者に向けて重要なメッセージを届けられるのではないでしょうか。読者のみなさんにとっても、私たちにとっても今後の対話や実践のきっかけになればいいと思います。

読書案内

　本書では、入門書であることに鑑み、最低限の参考文献にとどめましたが、学生たちが各章の原稿を書きあげるにあたっては、多くの先人の業績・研究に助けられました。学生たちの指導教員として、本書を書き上げるにあたって一緒に学んだ書籍（参考文献にあげた書籍は除く）、人種研究や差別論の研究書として推薦する書籍（初版出版後に刊行された書籍も含めました）を以下に挙げておきます。日本では、まず参照されるべき成果として、竹沢泰子さんの著書及び氏がリードした共同研究の編著があります。初版において、これらを参考文献に含めていなかったのは適切ではありませんでした。私の指導及び監修が足りず、ご迷惑をおかけしましたこと、心よりお詫び申し上げます。これ以外にも、歴史学、人類学、社会学、科学史、思想・哲学分野、美術史などで国内外の多くの研究者がこのテーマに取り組み、膨大な研究成果を生み出してきました。これでもごく一部ですが今後の学びの参考にしてください。

池田喬／堀田義太郎『差別の哲学入門』アルパカ、2021年。

イブラム・X・ケンディ『アンチレイシストであるためには』辰巳出版、2021年。

イブラム・X・ケンディ『人種差別主義者たちの思考法――黒人差別の正当化とアメリカの400年』光文社、2023年。

鵜飼哲ほか『レイシズム・スタディ――ズ序説』以文社、2012年。

兼子歩／貴堂嘉之編『「ヘイト」の時代のアメリカ史――人種・民族・国籍を考える』彩流社、2017年。

兼子歩／貴堂嘉之編『「ヘイト」に抗するアメリカ史――マジョリティを問い直す』彩流社、2022年。

河合優子『日本の人種主義――トランスナショナルな視点からの入門書』青弓社、2023年。

川島浩平／竹沢泰子編『人種神話を解体する3　Hybridity――「血」の政治学を越えて』東京大学出版会、2016年。

清原悠編『レイシズムを考える』共和国、2021年。

ケイン樹里安／上原健太郎『ふれる社会学』北樹出版、2019年。

小森陽一『レイシズム（思考のフロンティア）』岩波書店、2006年。

斎藤綾子／竹沢泰子編『人種神話を解体する1 (In) Visibility――可視性と不可視性のはざまで』東京大学出版会、2016年。

坂野徹／竹沢泰子編『人種神話を解体する2 Knowledge――科学と社会の知』東京大学出版会、2016年。

タバール・ベン・ジェルーン『娘に語る人種差別　新版』青土社、2017年。

竹沢泰子『日系アメリカ人のエスニシティ――強制収容と補償運動による変遷』東京大学出版会、1994（新装版、2017）年。

竹沢泰子編『人種概念の普遍性を問う――西洋的パラダイムを超えて』人文書院、2005年。

竹沢泰子編『人種の表象と社会的リアリティ』岩波書店、2009年。

竹沢泰子『アメリカの人種主義――カテゴリー／アイデンティティの形成と転換』名古屋大学出版会、2023年。

田中宏『在日外国人——法の壁、心の溝【第三版】』岩波書店、2013年。

ティファニー・ジュエル『人種差別をしない・させないための20のレッスン——アンチレイシストになろう！』DU BOOKS、2022年。

ヘザー・ウィリアムズ『14歳から考えたいアメリカの奴隷制度』すばる舎、2022年。

ベルトラン・ジョルダン『人種は存在しない——人種問題と遺伝学』中央公論新社、2013年。

本多創史『近代日本の優生学——＜他者＞像の成立をめぐって』明石書店、2022年。

ミシェル・ヴィヴィオルカ『レイシズムの変貌——グローバル化がまねいた社会の人種化、文化の断片化』明石書店、 2007年。

安田浩一『学校では教えてくれない差別と排除の話』皓星社、2017年。

梁英聖『レイシズムとは何か』ちくま新書、2020年。

ルース・ベネディクト『レイシズム』講談社学術文庫、2020年。

各Qの参考文献

第1章　身近なこと編

Q1. 日本にレイシズムってあるの？

原由利子『日本にレイシズムがあることを知っていますか？——人種・民族・出自差別をなくすために私たちができること』合同出版、2022年。

ロビン・ディアンジェロ『ホワイト・フラジリティ　私たちはなぜレイシズムに向き合えないのか？』明石書店、2021年。

キム・ジヘ『差別はたいてい悪意のない人がする——見えない排除に気づくための10章』大月書店、2021年。

Q2. 民族差別って人種差別となにが違うの？

小熊英二『〈日本人〉の境界——沖縄・アイヌ・台湾・朝鮮植民地支配から復帰運動まで』新曜社、1998年。

小原真史『帝国の祭典——博覧会と〈人間の展示〉』水声社、2022年。

斎藤愛「異人種への視線——近代日本の人種観の誕生まで」『国際日本文学研究集会会議録』24号、2001年。

府川源一郎「田中義廉編『小学読本』冒頭教材の出典について ——「五人種」の図像とその意味」『国語科教育』68巻、2010年。

眞嶋亜有『肌色の憂鬱——近代日本の人種体験』中央公論新社、2014年。

リチャード・シドル『アイヌ通史——「蝦夷」から先住民族へ』岩波書店、2021年。

Q3. 障がい者に対する差別事件はどうして起こるの？

立岩真也／杉田俊介『相模原障害者殺傷事件——優生思想とヘイトクライム』青土社、2016年。
千葉紀和／上東麻子『ルポ「命の選別」——誰が弱者を切り捨てるのか?』文藝春秋、2020年。
日本障害者協議会編『障害のある人と優生思想』やどかり出版、2019年。
藤井克徳『わたしで最後にして——ナチスの障害者虐殺と優生思想』合同出版、2018年。

Q4. 部落差別ってそもそもなに?
朝治武／黒川みどり／吉村智博／渡辺俊雄『もっと知りたい部落の歴史——近現代20講』解放出
　　版社、2009年。
黒川みどり／藤野豊『差別の日本近現代史——包摂と排除のはざまで』岩波書店、2015年。
黒川みどり『創られた「人種」——部落差別と人種主義』有志舎、2016年。
黒川みどり『被差別部落認識の歴史——異化と同化の間』岩波書店、2021年。
高橋貞樹『被差別部落——千年史』岩波書店、1992年。
中学歴史教科書（東京書籍、帝国書院、教育出版）。
法務省人権擁護局「部落差別の実態に係る調査結果報告書」令和2年6月。

Q5. なんで日本は移民・難民に優しくないの?
大串博行『日本社会の外国人——人類の「旅」と入国管理制度』パレード／星雲社、2011年。
巣内尚子『奴隷労働——ベトナム人技能実習生の実態』花伝社、2019年。
滝澤三郎／山田満『難民を知るための基礎知識』明石書店、2022年。
平野雄吾『ルポ入管』筑摩書房、2020年。
堀口健治『日本の労働市場開放の現況と課題——農業における外国人技能実習生の重み』筑摩書
　　房、2017年。
山村淳平『難民への旅』現代企画室、2010年。
山村淳平『難民からまなぶ世界と日本』解放出版社、2015年。
安田浩一『学校では教えてくれない差別と排除の話』晧星社、2017年。

Q6. 日本における「日本人」って誰のこと?
下地ローレンス吉孝『「混血」と「日本人」——ハーフ・ダブル・ミックスの社会史』青土社、
　　2018年。
杉本良夫／ロス・マオア『日本人論の方程式』ちくま学芸文庫、1995年。
師岡康子　『ヘイト・スピーチとは何か』岩波書店、2013年。

Q7. 「日本語上手ですね」のなにがいけないの?
デラルド・ウィン・スー著『日常生活に埋め込まれたマイクロアグレッション——人種、ジェン
　　ダー、性的指向：マイノリティに向けられる無意識の差別』明石書店、2020年。
渡辺雅之『マイクロアグレッションを吹き飛ばせ——優しく学ぶ人権の話』高文研、2021年。

Q8. 「ハーフ」って呼んだらダメ?
岡村兵衛「「ハーフ」をめぐる言説——研究者や支援者の著述を中心に」川島浩平、竹沢泰子編

『人種神話を解体する〈3〉「血」の政治学を越えて』東京大学出版会、2016年。

下地ローレンス吉孝『「混血」と「日本人」——ハーフ・ダブル・ミックスの社会史』青土社、2018年。

下地ローレンス吉孝『「ハーフ」ってなんだろう？あなたと考えたいイメージと現実』平凡社、2021年。

高橋幸春『〔ハーフ〕物語——偏見と排除を越えて』えにし書房、2023年。

Q9. 日本は人種差別を禁止しないの？

大阪同和・人権問題企業連絡会「『ヘイトスピーチ解消法』とは|ご存じ?Q&A」2019年（http://www.osaka-doukiren.jp/series/series01/13447、2023年10月9日取得）。

外務省「人種差別撤廃条約（あらゆる形態の人種差別の撤廃に関する国際条約）」2021年。

佐々木亮「国際社会における人種差別撤廃の要求と日本の課題」国際法学会、2021年（https://jsil.jp/archives/expert/2021-6#edn8、2023年10月9日取得）。

日弁連「人種差別撤廃条約に関する第1・2回日本政府報告書に対する日弁連レポート」2001年（https://www.nichibenren.or.jp/activity/international/library/human_rights/race_report_jfba.html、2023年10月9日取得）。

法務省特設サイト「ヘイトスピーチ、許さない。」（https://www.moj.go.jp/JINKEN/jinken04_00108.html、2023年10月9日取得）。

申惠丰「人種差別的不法行為に対する司法救済:人種差別撤廃条約の国内実施の観点から」『青山法学論集』57号、2016年。

コラム1 "美白"はレイシズムって本当？

赤尾千波『アメリカ映画に見る黒人ステレオタイプ（改訂増補版）』能登印刷出版部、2023年。

フランツ・ファノン『黒い皮膚・白い仮面（新装版）』海老坂武ほか訳、みすず書房、2020年。

コラム2 日本は単一民族国家ってなぜ言われてきたの？

小熊英二『単一民族神話の起源——「日本人」の自画像の系譜』新曜社、1995年。

坂野徹『縄文人と弥生人——「日本人の起源」論争』中公新書、2022年。

第2章 そもそも編

Q10. レイシズムはそもそもどんな考えなんだろう？

スティーヴン・J・グールド『人間の測りまちがい』河出書房新社、1989年。

中條献『歴史のなかの人種——アメリカが創り出す差異と多様性』北樹出版、2004年。

平野千果子『人種主義の歴史』岩波書店、2022年。

Q11. いつレイシズムが生まれたの？

平野千果子『人種主義の歴史』岩波新書、2022年。

読書案内／各Qの参考文献

中條献『歴史のなかの人種：アメリカが創り出す差異と多様性』北樹出版、2004年。

Q12. レイシズムと優生思想って関係あるの？

エドウィン・ブラック『弱者に仕掛けた戦争——アメリカ優生学運動の歴史』人文書院、2022年。

ダニエル・ケヴルズ『優生学の名のもとに——「人類改良」の悪夢の百年』朝日新聞社、1993年。

米本昌平ほか『優生学と人間社会——生命科学の世紀はどこへ向かうのか』講談社現代新書、2000年。

Q13. ステレオタイプと偏見、差別ってなに？

川島浩平『人種とスポーツ——黒人は本当に「速く」「強い」のか』中公新書、2012年。

クロード・スティール『ステレオタイプの科学——「社会の刷り込み」は成果にどう影響し私たちは何ができるのか』英治書店、2020年。

ジェニファー・エバーハート『無意識のバイアス——人はなぜ人種差別をするのか』明石書店、2021年。

原由利子『日本にレイシズムがあることを知っていますか？』合同出版、2022年。

Q14. レイシズムは奴隷貿易や奴隷制の歴史とどんな関係があるの？

エリック・ウィリアムズ『資本主義と奴隷制——ニグロ史とイギリス経済史』理論社、1978年。

オレリア・ミシェル『黒人と白人の世界史——「人種」はいかにつくられてきたか』明石書店、2021年。

中村隆之『カリブ-世界論——植民地主義に抗う複数の場所と歴史』人文書院、2013年。

同上『野蛮の言説——差別と排除の精神史』春陽堂書店、2020年。

大澤真幸／吉見俊哉／鷲田清一編『現代社会学事典』弘文堂、2012年。

Painter, Nell Irvin. *Creating Black Americans: African-American History and its Meanings, 1619 to the Present,* Oxford University Press, 2007.

図："Overview of the slave trade out of Africa." *Slave Voyages*, 2022 (https://www.slavevoyages.org/blog/overview-slave-trade-out-africa、2023年10月9日取得).

Q15. 植民地支配とレイシズムってどう関係しているの？

平野千果子『人種主義の歴史』岩波新書、2022年。

オレリア・ミシェル『黒人と白人の世界史——「人種」はいかにつくられてきたか』明石書店、2022年。

藤永茂『『闇の奥』の奥——コンラッド・植民地主義・アフリカの重荷』三交社、2006年。

中村隆之『野蛮の言説——差別と排除の精神史』春陽堂、2020年。

コラム3. 奴隷制・植民地支配の賠償問題と人種資本主義

貴堂嘉之「序文　人種資本主義序説——BLM運動が投げかけた世界史的問い」荒木和華子/福本

圭介編『帝国のヴェール──人種・ジェンダー・ポストコロニアリズムから解く世界』明石書店、2021年。

貴堂嘉之「黒人奴隷制の歴史と問い直す──奴隷制と人種資本主義の世界史」兼子歩・貴堂嘉之編『「ヘイト」に抗するアメリカ史──マジョリティを問い直す』彩流社、2022年。

現代アフリカ地域研究センター「ドイツ、植民地期ナミビアでのジェノサイドを認める」2021年5月29日（http://www.tufs.ac.jp/asc/information/post-771.html、2023年10月9日取得）。

ジョン・トーピー『歴史的賠償と「記憶」の解剖──ホロコースト・日系人強制収容・奴隷制・アパルトヘイト』法政大学出版局、2013年。

森口舞「カリブ諸国における奴隷制と植民地支配に対する賠償問題」『21世紀研究』8号、2017年。

Araujo, Ana Lucia. *Reparations for Slavery and the Slave Trade: A Transnational and Comparative History,* Bloomsbury, 2017.

CARICOM（カリブ共同体）ウェブサイト "CARICOM TEN POINT PLAN FOR REPARATORY JUSTICE" (https://caricom.org/caricom-ten-point-plan-for-reparatory-justice/、2023年10月9日取得)。

Q16. 人種差別撤廃に向けて国際社会はどのように取り組んだの？

外務省「人種差別撤廃条約」https://www.mofa.go.jp/mofaj/gaiko/jinshu/index.html

芝健介『ホロコースト──ナチスによるユダヤ人大量殺戮の全貌』中公新書、2008年。

金東勲『解説 人種差別撤廃条約』部落解放研究所、1990年。

Q17. 白人って誰のこと？

藤川隆男『白人とは何か──ホワイトネス・スタディーズ入門』刀水書房、2005年。

山本めゆ『「名誉白人」の百年──南アフリカのアジア系住民をめぐるエスノ-人種ポリティクス』新曜社、2022年。

D・R・ローディガー『アメリカにおける白人意識の構築──労働者階級の形成と人種』明石書店、2006年。

コラム4. アカデミー賞受賞者はなぜ白人が多いと批判されたの？

Long, Sophie. 'How #OscarsSoWhite Changed the Academy Awards' *BBC*, 9 March 2023.

Lucia Araujo, Ana. *Reparations for Slavery and the Slave Trade: A Transnational and Comparative History,* Bloomsbury Academic, 2017.

コラム5 文化の盗用ってなに？

宮木快「『文化の盗用』って何だろう？無意識の差別を生まないために。」『あしたメディア by BIGLOBE．』2022年6月21日（https://ashita.biglobe.co.jp/entry/2022/06/21/110000、2023年10月9日取得）。

Grays, Jaja. "The Blurred Lines of Cultural Appropriation." *CUNY Graduate School of Journalism*, 2016.

Sharoni, Sari. "The Mark of a Culture: The Efficiency and Propriety of Using Trademark Law to

読書案内／各Qの参考文献

Deter Cultural Appropriation." *FEDERAL CIRCUIT BAR Journal*, vol. 26, no. 3, 2016.

第3章　アメリカ編

Q18.　アメリカは「自由」と「平等」の国と言われるのに、なぜレイシズムが激しいの？
川島正樹編『アメリカニズムと「人種」』名古屋大学出版会、2005年。
貴堂嘉之「人種資本主義序説——BLM運動が投げかけた世界史的問い」荒木和華子／福本圭介
　　編『帝国のヴェール——人種・ジェンダー・ポストコロニアリズムから解く世界』明石書店、
　　2021年。
紀平英作『奴隷制廃止のアメリカ史』岩波書店、2022年。
古矢旬編『シリーズ　アメリカ研究の越境第二巻　権力と暴力』ミネルヴァ書房、2007年。

Q19.　奴隷制下で黒人たちはどのように戦ってきたの？
上杉忍『アメリカ黒人の歴史——奴隷貿易からオバマ大統領まで』中公新書、2013年。
上杉忍『ハリエット・タブマン——「モーゼ」と呼ばれた黒人女性』新曜社、2019年。
貴堂嘉之『南北戦争の時代——19世紀』岩波書店、2019年。
フレデリック・ダグラス『アメリカの奴隷制を生きる——フレデリック・ダグラス自伝』樋口映
　　美監修、彩流社、2016年。
本田創造『アメリカ黒人の歴史（新版）』岩波書店、1991年。

Q20.　奴隷解放ってなんだったの？
上杉忍『アメリカ黒人の歴史』中央公論新社、2013年。
ジェームズ・M・バーダマン『黒人差別とアメリカ公民権運動——名もなき人々の戦いの記録』
　　集英社新書、2007年。

Q21.　公民権運動で人種差別が終わらなかったのはどうして？
川島正樹『アファーマティブ・アクションの行方——過去と未来に向き合うアメリカ』名古屋大
　　学出版会、2014年。
ティム・ワイズ『アメリカ人種問題のジレンマ——オバマのカラー・ブラインド戦略のゆくえ』
　　明石書店、2011年、240頁。
藤川隆男『人種差別の世界史——白人性とは何か』乃水書房、2011年。
南川文里『未完の多文化主義——アメリカにおける人種、国家、多様性』東京大学出版会、
　　2021年。
安井倫子『語られなかったアメリカ市民権運動史——アファーマティブ・アクションという切り
　　札』大阪大学出版会、2016年。

Q22.　BLMってなに？
アリシア・ガーザ『世界を動かす変革の力——ブラック・ライブズ・マター共同代表からのメッ

161

セージ』明石書店、2021年。

本田創造『アメリカ黒人の歴史（新版）』岩波新書、1991年。

バーバラ・ランスビー『ブラック・ライヴズ・マター運動　誕生の歴史』彩流社、2022年。

パトリース・カーン＝カラーズ『ブラック・ライヴズ・マター回想録──テロリストと呼ばれ
て』青士社、2021年。

山本伸『ブラック・ライブズ・スタディーズ──BLM運動を知る15のクリティカル・エッセ
イ』三月社、2020年。

コラム6　インターセクショナリティ

「特集＝インターセクショナリティ」『現代思想』2022年5月号、青土社、2022年。

パトリシア・ヒル・コリンズ『インターセクショナリティ』人文書院、2021年。

Crenshaw, Kimberle. "*Demarginalizing the Intersection of Race and Sex: A Black Feminist Critique of
Antidiscrimination Doctrine, Feminist Theory and Antiracist Politics.*" University of Chicago Legal
Forum: Vol. 1989: ISS.1, Article 8.

土屋和代「ブラック・フェミニズムとインターセクショナリティー人種・階級・ジェンダー・セ
クシュアリティ」藤永康政、松原宏之編『「いま」を考えるアメリカ史』ミネルヴァ書房、
2022年。

コラム7　異人種間結婚

貴堂嘉之「アメリカ合衆国における『人種混交』幻想」竹沢泰子編『人種の表象と社会的リアリ
ティ』岩波書店、2009年。

山田史郎『アメリカ史のなかの人種』山川出版社、2006年。

Q23.　黒人は悪いことをするから差別されるんじゃないの？

アンジェラ・デイヴィス『監獄ビジネス』岩波書店、2008年。

上杉忍「アメリカ合衆国における産獄複合体（Prison Industrial Complex）の歴史的起源：南
部の囚人貸出性・チェインギャング制のメカニズム」『北海学園大学人文論集』（50）、
2011年。

上杉忍『アメリカ黒人の歴史』中央公論社、2013年。

エイヴァ・デュヴァーネイ監督『13TH -憲法修正13条-』（映画）Netflix、2016年。

落合明子「アメリカの大量収監問題と歴史研究の動向──ポスト市民権時代再考の手がかりとし
て」『GR-同志社大学グローバル地域文化学会紀要』19号、2022年。

西山隆之『〈犯罪大国アメリカ〉のいま──分断する社会と銃・薬物・移民』弘文堂、2021年。

Davis, Angela, ed. *Policing the Black Man: Arrest, Prosecution, and Imprisonment*, Pantheon, 2017.

グラフ1：US Bureau of Justice, 'Imprisonment rate of sentenced prisoners in the United States
under federal or state jurisdiction in 2021, by sex and ethnicity' (https://www.statista.com/
statistics/252871/imprisonment-rate-of-sentenced-prisoners-in-the- us-by-sex-and-ethnicity/、
2023年10月9日取得).

読書案内／各Qの参考文献

Q24. 先住民はなにを奪われてきたの？

阿部珠理編著『アメリカ先住民を知るための62章』明石書店、2016年。

石山徳子『「犠牲区域」のアメリカ——核開発と先住民族』岩波書店、2020年。

鎌田遵『ネイティブ・アメリカン——先住民社会の現在』岩波新書、2009年。

Q25. 移民の国なのにどうして「不法移民」が生まれるの？

井村俊義『チカーノとは何か——境界線の詩学』水声社、2019年。

大賀哲・蓮見二郎・山中亜紀編『共生社会の再構築Ⅰ——シティズンシップをめぐる包摂と分
　　断』法律文化社、2019年。

加藤丈太郎『日本の「非正規移民」——「不法性」はいかにつくられ、維持されるか』明石書店、
　　2022年。

庄司啓一「ブラセロ・プログラム再考——非合法移民問題の起源をめぐって」『城西経済学会
　　誌』35巻、2009年。

田中研之輔『ルポ　不法移民——アメリカ国境を越えた男たち』岩波書店、2017年。

「トランプ政権の移民規制、バイデン氏が就任初日に撤廃に着手」ロイター、2021年1月21日
　　（https://jp.reuters.com/article/usa-biden-immigration-idJPKBN29Q0BW、2023年10月9
　　日取得）。

Anzaldúa, Gloria. *Borderlands/La Frontera: The New Mestiza*, Aunt Lute Books, 1987.

Budiman, Abby. "Key findings about U.S. immigrants." *Pew Research Center*, August 20,
　　2022（https://www.pewresearch.org/fact-tank/2020/08/20/key-findings-about-u-s-
　　immigrants/、2023年10月9日取得）.

Gramlich, John. "How border apprehensions, ICE arrests and deportations have changed
　　under Trump." *Pew Research Center*, March 2, 2020（https://www.pewresearch.org/
　　short-reads/2020/03/02/how-border-apprehensions-ice-arrests-and-deportations-have-
　　changed-under-trump/、2023年10月9日取得）.

Henderson, Timothy J.. *Beyond Borders: A History of Mexican Migration to the United States*, Wiley-
　　Blackwell, 2011.

Rose, Joel. "Biden Tries To Rein In ICE: New Rules Limit Who Immigration Agents Target for
　　Arrest." *NPR,* 18, 2021（https://www.npr.org/2021/02/18/969083367/biden-tells-ice-to-
　　chill-new-rules-limit-who-immigration-agents-target-for-arres、2023年10月9日取得）.

表：Baker, Bryan. "Estimates of the Unauthorized Immigrant Population Residing in the United
　　States: January 2015-January 2018." *The Department of Homeland Security*, 2021, p.4（下記
　　よりダウンロード可能、https://www.dhs.gov/sites/default/files/publications/immigration-
　　statistics/Pop_Estimate/UnauthImmigrant/unauthorized_immigrant_population_
　　estimates_2015_-_2018.pdf）.

Q26. アメリカでのアジア系の人々への差別はコロナ禍をきっかけに始まったの？

SPF笹川平和財団、西山隆行「アジア系アメリカ人とアメリカ政治」2021年10月27日（https://

163

www.spf.org/jpus-insights/spf-america-monitor/spf-america-monitor-document-detail_104.html、2022年12月12日取得）。

貴堂嘉之『移民国家アメリカの歴史』岩波新書、2021年。

「バイデン大統領『私たちは心を入れ替えなければならない』アジア系ヘイトクライム対策法が成立」『東京新聞』TOKYO Web版、2021年5月21日（https://www.tokyo-np.co.jp/article/105663、2022年12月7日）。

Q27. 日系人はアメリカでどのように差別を乗り越えようとしてきたの？

貴堂嘉之『移民国家アメリカの歴史』岩波新書、2021年。

ディスカバー・ニッケイ「アメリカの戦後補償（リドレス）」2010年9月17日（http://www.discovernikkei.org/ja/journal/2010/9/17/amerika-no-redress/、2023年10月9日取得）。

Q28. イスラム教徒はアメリカでどのように差別されてきたの？

Bergman, Peter., Sterman, David. "Terrorism in America After 9/11: A detailed look at jihadist terrorist activity in the United States and by Americans overseas since 9/11.", *NEW AMERICA*, 2021（https://www.newamerica.org/international-security/reports/terrorism-in-america/、2023年10月9日取得）.

Beydoun, Khaled A. *"American Islamophobia: Understanding the Roots and Rise of Fear"*, University of California Press, 2018.

FBI:UCR. "Hate Crime." https://ucr.fbi.gov/hate-crime（2023年1月25日取得）.

Seth G, Jones., Doxsee, Catrina., Harrington, Nicholas. *"The Escalating Terrorism Problem in the United States."* CENTER FOR STRATEGIC & INTERNATIONAL STUDIES（以下よりダウンロード可能、https://www.csis.org/analysis/escalating-terrorism-problem-united-states）.

Q29. なぜトランプが支持されたの？

Cox, Daniel., Dionne, E. J., Galston, William A., Jones, Robert P. *What It Means to be American: Attitudes in an Increasingly Diverse America Ten Years After 9/11.* Washington D. C.: Brookings Institute/ Public Religion Research Institute, 2011（以下よりダウンロード可能、https://www.brookings.edu/wp-content/uploads/2016/06/0906_american_attitudes.pdf）.

Pew Research Center. "Blacks Upbeat about Black Progress, Prospects: A Year After Obama's Election." January 12, 2010（https://www.pewresearch.org/social-trends/2010/01/12/blacks-upbeat-about-black-progress-prospects/、2023年10月9日取得）.

Pew Research Center. "On Views of Race and Inequality, Blacks and Whites Are Worlds Apart." June 27, 2016（https://www.pewresearch.org/social-trends/2016/06/27/on-views-of-race-and-inequality-blacks-and-whites-are-worlds-apart/、2023年10月9日取得）.

あとがき

　一橋大学社会学部／社会学研究科でわたしが担当している学部ゼミ（アメリカ史）の学生たちと大学院ゼミの院生有志が一緒になって、レイシズムの入門書をつくりたいと企画を練り始めたのは、コロナ禍の真っ只中であった2021年の9月頃だったと思います。

　きっかけは大きくふたつありました。ひとつ目は、前年の2020年5月に黒人男性のジョージ・フロイドさんが白人の警察官に殺害された事件を契機に、アメリカでブラック・ライヴズ・マター（BLM）の抗議活動が広がり、あらためてレイシズムに関する理解を深めたいという想いが強くなったことでした。わたしのゼミナールには、もともとアメリカの人種問題や移民問題に関心を持ったゼミ生が多いのですが、BLM運動を契機に、アメリカの人種差別だけでなく、世界史上での「人種」概念の生成史、レイシズムと黒人奴隷制の関係、日本社会のレイシズムなどへと関心が広がり、国内外のレイシズムの関連書籍を片っ端から輪読し、読破していきました。この世代は、大学に在籍していた期間がまるまるトランプ大統領の任期と重なっており、この悪夢のような4年間、「ヘイトの時代」を生き抜くための処方箋を強く求めていたのでしょう。

　SNS上で流布される「日本には人種差別はない」といった俗説を横目にみながら、せっかくアメリカ史のゼミに所属して、人種問題や移民問題を専門的に学んでいるのだから、高校生や一般の読者向けに、大学生の目線で、はじめてレイシズムについて学ぶ人にもわかりやすいQ＆A集をつくってはどうかと企画は進んでいきました。

　その際、これがふたつ目のきっかけにもなったのですが、たまたま社会学部では学部ゼミ生たちが中心となって、入門書の刊行が続いており、それが学生たちにとってはとてもよいモデルとなったといえます。先鞭をつけたのは、佐藤文香ゼミ生一同で刊行された『ジェンダーについて大学生が真剣に考えてみた──あなたがあなたらしくいられるための29問』（明石書店、2019年）です。もう一冊は、加藤圭木ゼミの学生たちが刊行した『「日韓」のモヤモヤと大学生のわたし』（大月書店、2021年）です。

　ふたつの本は、刊行後まもなく版を重ね、いまも売れ続けています。これら

165

の本が広く受け入れられたのは、ジェンダーであれ、日韓問題であれ、若い世代が関心を持つテーマでありながら、簡潔にうまく答えることが難しい問いに、対象読者と同じ目線にたつことを意識して、初学者にもわかりやすい答え、考える材料を提供しているからではないかと思います。ネットで流れてくる情報に「モヤモヤ」したり、うまく言葉にできない「モヤモヤ」をできる限り、わかりやすい言葉で語り、周りの人たちと議論してもらうことを促すような、そんな本を本書も目指したつもりです。

　執筆者は、2021年・2022年度の学部ゼミ生が中心ですが、大学院社会学研究科修士課程の吉田梨乃さん、樋浦ゆりあさん、五十嵐望美さん、鈴木佐弥さん、渡邉美和子さん、脇内元徳さんらが企画や執筆に加わってくれたことで、充実した内容の入門書にすることができました。また、明石書店の赤瀬智彦さんと殿垣くるみさんには、編集会議として長時間の学生の発表にもお付き合いいただき、最後まで伴走していただき、助けていただきました。心より感謝申し上げたいと思います。

　本書をきっかけに、高校生や若い同世代の人々の間で、レイシズムに関する理解が深まり、日本社会での人種問題に向き合える人が増えてくれることを願ってやみません。

【追記】

　一年前に刊行した本書はご好評をいただいて、おかげさまで重版／改訂版作成の機会を得ました。2020年のBLM運動を機にレイシズムに向き合ってきた教え子たちの声が読者に届いたのだと思います。改訂版をつくるにあたっては、読者からのご指摘を受けて一部内容を改稿し、また読書案内を充実させるとともに、誤植の修正を行いました。直近の米大統領選ではトランプが勝利し、社会のさらなる分断、ヘイトクライムの急増などレイシズムへの対応が喫緊の課題となることは必定です。差別に抗するには、差別の構造や歴史を知ることから始めなければならず、本書はそのための最良の入門書になってくれるはずです。今後も本書が長く読みつがれることを期待しております。

貴堂嘉之

【執筆者一覧】

一橋大学社会学部貴堂ゼミ生 & 院ゼミ生有志

青木 亮介

五十嵐 望美

伊藤 丈瑠

大島 奈々

大野 太郎

河口 桃乃

河畑 達子

宍倉 百合子

鈴木 佐弥

辻 恭佳

土屋 夏美

樋浦 ゆりあ

古木 愛実

吉田 梨乃

若田 好輝

【監修者】

貴堂嘉之 （きどう・よしゆき）

1966 年、東京生まれ。一橋大学大学院社会学研究科教授。博士（学術）。専門はアメリカ合衆国史、人種・エスニシティ・ジェンダー研究、移民研究。著書に『アメリカ合衆国史② 南北戦争の時代 19世紀』（岩波新書、2019年）、『移民国家アメリカの時代』（岩波新書、2018年）、『アメリカ合衆国と中国人移民——歴史のなかの「移民国家」アメリカ』（名古屋大学出版会、2012年）。共編著に『「ヘイト」の時代のアメリカ史——人種・民族・国籍を考える』（彩流社、2017年）、『「ヘイト」に抗するアメリカ史——マジョリティを問い直す』（彩流社、2022年）など。

【著者】

一橋大学社会学部貴堂ゼミ生＆院ゼミ生有志

アメリカ合衆国史・アメリカ研究のゼミナール。本書は、コロナ禍の2021年度・2022年度の学部ゼミに在籍していた学部生（学部3年生、4年生が所属）と、そこに参加していた院ゼミ生有志が中心になって作成されました。学部も大学院も、貴堂ゼミには、アメリカ合衆国の人種問題、移民問題、ジェンダー・イシューなどに関心を持つ学生が集い、ゼミでは毎週、文献輪読をし、卒論や修論に向けての研究発表などを行っています。

大学生がレイシズムに向き合って考えてみた【改訂版】
——差別の「いま」を読み解くための入門書

2023年11月15日　初版第1刷発行
2025年1月10日　改訂版第1刷発行

監修者———貴堂嘉之
著　者———一橋大学社会学部貴堂ゼミ生
　　　　　＆院ゼミ生有志
発行者———大江道雅
発行所———株式会社 明石書店
　　　　　〒101-0021 東京都千代田区外神田 6-9-5
　　　　　電話 03-5818-1171　FAX 03-5818-1174
　　　　　振替 00100-7-24505
　　　　　https://www.akashi.co.jp
装　丁———清水 肇（prigraphics）
イラスト———クー・ジャイン
印刷／製本—モリモト印刷株式会社

ISBN 978-4-7503-5867-3
（定価はカバーに表示してあります）

JCOPY 〈出版者著作権管理機構 委託出版物〉
本書の無断複製は著作権法上での例外を除き禁じられています。複製される場合は、そのつど事前
に、出版者著作権管理機構（電話 03-5244-5088、FAX03-5244-5089、e-mail: info@jcopy.or.jp）の許諾
を得てください。

ジェンダーについて大学生が真剣に考えてみた

あなたがあなたらしくいられるための29問

一橋大学社会学部佐藤文香ゼミ生一同 著
佐藤文香 監修

■B6判変型／並製／208頁 ◎1500円

日常の中の素朴な疑問から性暴力被害者の自己責任論まで――「ジェンダー研究のゼミに所属している」学生たちが、そのことゆえに友人・知人から投げかけられたさまざまな「問い」に悩みつつ、それらに真っ正面から向き合った。真摯で誠実なQ&A集。

●━━● 内容構成 ●━━●

はじめに――ジェンダーってなに?
第一章 これってどうなの? 素朴な疑問
第二章 セクシュアル・マイノリティについてもっと知りたい!
第三章 フェミニズムって怖いもの?
第四章 めざしているのは逆差別?
第五章 性暴力についてもっと考えたい!
読書案内
おわりに

ダーリンは・ネト・ウヨ

韓国人留学生の私が日本人とつきあったら

クー・ジャイン 著
クー・ジャイン 金みんじょん 訳
Moment Joon 解説

■A5判変型／並製／176頁 ◎1300円

期待を胸に日本で留学生活を始めた韓国人のうーちゃん。サークルで出会った日本人の先輩いっしーと付き合うことになった。付き合って一ヶ月、いっしーが「きれいな日本語」を喋ってきたのだけど……。積み重なるモヤモヤの先にしたうーちゃんの選択とは?

●━━● 内容構成 ●━━●

プロローグ・はじめに

第1章 出会い
新歓／日本語上手ですね／クラリネット〈1〉／クラリネット〈2〉／合奏練習／カフェ／夏合宿〈1〉／夏合宿〈2〉／テンティア／閲練／ビンポン／告白

第2章 気づき
海苔を消化できるのは日本人だけ／世界一難しい言語／カラオケ／宿題／あなたは日本人じゃないから／とはいえ私だって市民です／慣れ／テレビ／執着の始まり〈1〉／執着の始まり〈2〉／ツイッター〈1〉／ツイッター〈2〉

第3章 見て見ぬふり
大学祭／煙幕／定期演奏会／冬休み／宅飲み／グループワーク／就活／ラーメン／留学支援課／ブレストと／アンダンテ／面接

第4章 必然
わだかまり／分かれ道／加湿器は常に清潔に／卒演／さよなら／うーちゃん／金／会／引きる
エピローグ
あとがき／解説

〈価格は本体価格です〉

日本社会とポジショナリティ
沖縄と日本との関係、多文化社会化、ジェンダーの領域からみえるもの
池田緑編著 ◎4800円

戸籍と国籍の近現代史【第3版】
民族・血統・日本人 遠藤正敬著 ◎3800円

出入国管理の社会史
戦後日本の「境界」管理
李英美著 ◎4000円

入管問題とは何か
終わらない〈密室の人権侵害〉
鈴木江理子、児玉晃一編著 ◎2400円

日本の「非正規移民」
「不法性」はいかにつくられ、維持されるか
加藤丈太郎著 ◎3600円

在日という病
生きづらさの当事者研究
朴一著 ◎2200円

難民を知るための基礎知識
政治と人権の葛藤を越えて
滝澤三郎、山田満編著 ◎2500円

無意識のバイアス
人はなぜ人種差別をするのか
ジェニファー・エバーハート著
山岡希美訳 高史明解説 ◎2600円

ホワイト・フラジリティ
私たちはなぜレイシズムに向き合えないのか？
□ロビン・ディアンジェロ著
貴堂嘉之監訳 上田勢子訳 ◎2500円

ナイス・レイシズム
なぜリベラルなあなたが差別するのか？
□ロビン・ディアンジェロ著
甘糟智子訳 出口真紀子解説 ◎2500円

日常生活に埋め込まれたマイクロアグレッション
人種、ジェンダー、性的指向：マイノリティに向けられる無意識の差別
デラルド・ウィン・スー著 マイクロアグレッション研究会訳 ◎3500円

差別と資本主義
レイシズム・キャンセルカルチャー・ジェンダー不平等
トマ・ピケティほか著
尾上修悟、伊東未来、眞下弘子、北垣徹訳 ◎2700円

「人種」「民族」をどう教えるか
創られた概念の解体をめざして
中山京子、東優也、太田満、森茂岳雄編著 ◎2600円

アメリカの歴史を知るための65章【第4版】
エリア・スタディーズ10
富田虎男、鵜月裕典、佐藤円編著 ◎2000円

現代アメリカ社会を知るための63章【2020年代】
エリア・スタディーズ184
明石紀雄監修 大類久恵、落合明子、赤尾千波編著 ◎2000円

アメリカ先住民を知るための62章
エリア・スタディーズ149
阿部珠理編著 ◎2000円

〈価格は本体価格です〉

アメリカ黒人女性とフェミニズム
「私は女ではないの?」
世界人権問題叢書73
ベル・フックス著
大類久恵監訳
柳沢圭子訳
◎3800円

ホワイト・フェミニズムを解体する
インターセクショナル・フェミニズムによる対抗史
カイラ・シュラー著
飯野由里子監訳
川副智子訳
◎3000円

黒人と白人の世界史
「人種」はいかにつくられてきたか
世界人権問題叢書104
オレリア・ミシェル著
児玉しおり訳
中村隆之解説
◎3000円

抑圧のアルゴリズム
検索エンジンは人種主義をいかに強化するか
サフィヤ・U・ノーブル著
大久保彩訳
前田春香 佐倉統解説
◎2700円

帝国のヴェール
人種・ジェンダー・ポストコロニアリズムから解く世界
荒木和華子、福本圭介編著
◎2800円

アメリカ人種問題のジレンマ
オバマのカラー・ブラインド戦略のゆくえ
世界人権問題叢書78
ティム・ワイズ著
脇浜義明訳
◎3000円

世界を動かす変革の力
ブラック・ライブズ・マター共同代表からのメッセージ
アリシア・ガーザ著
人権学習コレクティブ監訳
◎2900円

黒人法典
フランス黒人奴隷制の法的虚無
世界人権問題叢書119
ルイ・サラ=モランス著
中村隆之、森元庸介訳
◎2200円

ダーク・マターズ
監視による黒人差別の歴史とテクノロジー
シモーヌ・ブラウン著
野中香方子訳
◎3500円

ブラック・ブリティッシュ・カルチャー
英国に挑んだ黒人表現者たちの声
臼井雅美著
◎3600円

人間狩り
狩猟権力の歴史と哲学
グレゴワール・シャマユー著
平田周、吉澤英樹、中山俊訳
◎2400円

右翼ポピュリズムのディスコース[第2版]
恐怖をあおる政治を暴く
ルート・ヴォダック著
石部尚登訳
◎4500円

人種・ジェンダーからみるアメリカ史
丘の上の超大国の500年
宮津多美子著
◎2500円

辺境の国アメリカを旅する
絶望と希望の大地へ
鈴木晶子著
◎1800円

白から黄色へ
ヨーロッパ人の人種思想から見た「日本人」の発見 1300年〜1735年
ロテム・コーネル著
滝川義人訳
◎7000円

アメリカの奴隷解放と黒人
百年越しの闘争史
世界人権問題叢書107
アイラ・バーリン著
落合明子、白川恵子訳
◎3500円

〈価格は本体価格です〉